Ercüment Gök

Wie beeinflusst die Generation Y das Employer Branding?

Neue Bedürfnisse und Erwartungen an Arbeitgeber

Bibliografische Information der Deutschen Nationalbibliothek:

Die Deutsche Nationalbibliothek verzeichnet diese Publikation in der Deutschen Nationalbibliografie; detaillierte bibliografische Daten sind im Internet über http://dnb.d-nb.de abrufbar.

Impressum:

Copyright © Studylab 2019

Ein Imprint der Open Publishing GmbH, München

Druck und Bindung: Books on Demand GmbH, Norderstedt, Germany

Coverbild: Open Publishing GmbH | Freepik.com | Flaticon.com | ei8htz

Inhaltsverzeichnis

Abbildungsverzeichnis .... **IV**

Literaturverzeichnis .... **V**
    Literatur V
    Zeitschriften XI
    Elektronische Quellen XI

1 Einleitung **1**
    1.1 Problemstellung und Zielsetzung 1
    1.2 Gang der Untersuchung 2

2 Theoretische Grundlagen zum Thema Employer Branding **3**
    2.1 Begriffliche Abgrenzung 3
    2.2 Gründe für die zunehmende Bedeutung des Employer Brandings 9
    2.3 Funktionen einer Arbeitgebermarke 16
    2.4 Wirkungsbereiche der Arbeitgebermarke 21
    2.5 Employer-Branding-Prozess 26

3 Theoretische Grundlagen zum Thema Generation Y **30**
    3.1 Begriffliche Abgrenzung 30
    3.2 Generationen im Überblick 31
    3.3 Charakterisierung der Generation Y 35
    3.4 Forderungen der Generation Y an die Arbeitswelt 37

4 Empirische Erhebung **41**
    4.1 Methodik 41
    4.2 Auswertung des Fragebogens 43
    4.3 Handlungsempfehlung 53
    4.4 Kritische Würdigung 58

5 Schlussbetrachtung **61**
    5.1 Zusammenfassung 61
    5.2 Ausblick 62

Anlage: Fragebogen zum Employer Branding für die Generation Y **64**

Abbildungsverzeichnis

Abbildung 1: Gründe für die zunehmende Bedeutung des Employer Brandings 10

Abbildung 2: Voraussichtliche Entwicklung der Bevölkerung in Deutschland 11

Abbildung 3: Funktionen der Employer Brand 17

Abbildung 4: Wirkungsfelder der Arbeitgeberpräferenz 18

Abbildung 5: Wirkungsbereiche der Arbeitgebermarke 23

Abbildung 6: Der Employer-Branding-Prozess 27

Abbildung 7: Generationen im Überblick 32

Abbildung 8: Anteil an Arbeitskräften weltweit nach Generationen im Jahr 2020 38

Abbildung 9: Übersicht der Teilnehmer an der Online-Umfrage 59

Literaturverzeichnis

Literatur

Albesano, Gabriella Emotionales Employer Branding: Die Arbeitgebermarke aus Sicht des Neuromarketings, Hamburg 2016.

Allihn, Lilli Erfolgsfaktor Employer Branding: Mitarbeiter binden und die Gen Y gewinnen, in: Künzel, Hansjörg (Hrsg.): GenY: Kinder unserer Zeit, Berlin/Heidelberg 2013, S. 17-34.

Aßmann, Stefanie/Röbbeln, Stephan Social Media für Unternehmen: Das Praxisbuch für KMU, Bonn 2013.

Bartscher, Thomas/Nissen, Regina Personalmanagement: Grundlagen, Handlungsfelder, Praxis, 2. Auflage, Hallbergmoos 2017.

Beck, Christoph Personalmarketing 2.0: Vom Employer Branding zum Recruiting, in: Beck, Christoph (Hrsg.): Personalmarketing 2.0, Köln 2008, S. 9-57.

Behnood, Kiarash Gewinnung von Fachkräften für kleine und mittlere Unternehmen: Employer Branding leicht gemacht, Hamburg 2012.

Berg, Elmar Employer Branding als Fachkräftesicherung im Generationenwandel: Best Practice Ansätze zur Neuausrichtung der Unternehmenskultur, Hamburg 2014.

Biernoth, Miriam Employer- und Behavioral Branding im Gesundheitswesen: Konzepte zur Bewältigung des Fachkräftemangels, Wiesbaden 2016.

Binninger, Michael Work-Life Balance als Chance gegen die demografische Entwicklung: Eine Untersuchung hinsichtlich des gegenwärtigen Fachkräftemangels, Hamburg 2014.

Bollwitt, Björn Herausforderung demographischer Wandel: Employer Branding als Chance für die Personalrekrutierung, Hamburg 2010.

Bormann, Ingrid/Hurth, Joachim Hersteller- und Handelsmarketing, Herne 2014.

Bortz, Jürgen/Döring, Nicola Forschungsmethoden und Evaluation: Für Human- und Sozialwissenschaftler, 4. Auflage, Berlin/Heidelberg 2006.

Böttger, Eva Employer Branding: Verhaltenstheoretische Analysen als Grundlage für die identitätsorientierte Führung von Arbeitgebermarken, Wiesbaden 2012.

Bößenecker, Andrea Social Employer Branding: Eine empirische Analyse der Interaktion auf Facebook Karrierefanseiten, Hamburg 2014.

Braun, Thomas/Buch, Detlef/Plagge, Stefan War for Talents: Sieg oder Niederlage? Personalrekrutierung als strategische, Frankfurt am Main [u.a.] 2011.

Brautmeier, Jens Der öffentliche Dienst als Arbeitgebermarke: Employer Branding am Beispiel der Stadt Herten, Hamburg 2014.

Buckesfeld, Yvonne Employer Branding: Strategie für die Steigerung der Arbeitgeberattraktivität in KMU, 2. Auflage, Hamburg 2012.

Bund, Kerstin Glück schlägt Geld. Generation Y: Was wir wirklich wollen, Hamburg 2014.

Burmann, Christoph/Kirchgeorg, Manfred/Meffert, Heribert Marketing: Grundlagen marktorientierter Unternehmensführung; Konzepte - Instrumente - Praxisbeispiele, 12. Auflage, Wiesbaden 2015.

Büttgen, Marion/Kissel, Patrick Handbuch Strategisches Personalmanagement, in: Stock-Homburg, Ruth (Hrsg.): Der Einsatz von Social Media als Instrument des Employer Branding, 2. Auflage, Wiesbaden 2013, S. 107-124.

Dahlmanns, Andreas Generation Y und Personalmanagement, Mering/München 2014.

Dietl, Stefan [u.a.] Handbuch Strategisches Personalmanagement, in: Stock-Homburg, Ruth (Hrsg.): Generation Y – Wie man die Berufseinsteiger von morgen erreicht, 2. Auflage, Wiesbaden 2013, S. 125-150.

Drumm, Hans Jürgen Personalwirtschaft, 6. Auflage, Berlin/Heidelberg 2008.

Einramhof-Florian, Helene Die Arbeitszufriedenheit der Generation Y: Lösungsansätze für erhöhte Mitarbeiterbindung und gesteigerten Unternehmenserfolg, Wiesbaden 2017.

Esch, Franz-Rudolf Strategie und Technik der Markenführung, 8. Auflage, München 2014.

Ewinger, Dunja [u.a.] Arbeitswelt im Zeitalter der Individualisierung: Trends: Multigrafie und Multi-Option in der Generation Y, Wiesbaden 2016.

Fellinger, Christoph [u.a.] Perspektivwechsel im Employer Branding: Neue Ansätze für die Generationen Y und Z, in: Hesse, Gero/Mattmüller, Roland (Hrsg.): Herausforderungen für das Employer Branding und deren Kompetenzen, Wiesbaden 2015,. 53-102.

Felser, Georg Personalmarketing, Göttingen [u.a.] 2010.

Frena, Karmen Externe Kommunikation von Diversity Aktivitäten über Microblogs: Erfolgsfaktor in Personalmarketing und Employer Branding?, Hamburg 2015.

Geschwill, Roland/Schuhmacher, Florian Work-Life-Balance Maßnahmen und Kosten-Nutzen Messung für Unternehmen: die Vereinbarkeit von Privat- und Berufsleben insbesondere bei weiblichen Führungskräften, Hamburg 2014.

Görg, Ulrich Erfolgreiche Markendifferenzierung: Strategie und Praxis professioneller Markenprofilierung, Wiesbaden 2010.

Haitzer, Axel Bewerbermagnet: 365 inspirierende Ideen, wie ihr Unternehmen Top-Bewerber magnetisch anzieht, Neubeuern 2011.

Hanußek, David Vinzenz Employer Branding für KMU: Die Bedeutung internationaler Kontakte bei der Gewinnung von Arbeitskräften, Wiesbaden 2016.

Hartig, Thea Employer Branding: Möglichkeiten und Grenzen des Einsatzes von Social Media,

Hamburg 2014.

Heider-Winter, Cornelia Employer Branding in der Sozialwirtschaft: Wie Sie als attraktiver Arbeitgeber die richtigen Fachkräfte finden und halten, Wiesbaden 2014.

Heming, Jochen Aufbau einer Arbeitgebermarke in Handwerksbetrieben der Baubranche, Wiesbaden 2017.

Herten, Katrin Die Bedeutung von Social Media zur Steigerung von Arbeitgeberattraktivität im deutschen Gesundheitswesen: Empirische Studie zur Social Media Nutzung im Bereich Employer Branding, Hamburg 2015.

Holste, Jan Hauke Arbeitgeberattraktivität im demographischen Wandel: Eine multidimensionale Betrachtung, Wiesbaden 2012.

Immerschitt, Wolfgang/Stumpf, Marcus Employer Branding für KMU: Der Mittelstand als attraktiver Arbeitgeber, Wiesbaden 2014.

Jepp, Janka Employer Branding: Identifikation von Entscheidungskriterien zur Arbeitgeberwahl, Hamburg 2014.

Jopp, Heike Employer Branding - Innovative Ansätze für den Mittelstand: Eine empirische Untersuchung anhand von Chemielaboranten, Hamburg 2014.

Kanning, Uwe Peter Personalmarketing, Employer Branding und Mitarbeiterbindung: Forschungsbefunde und Praxistipps aus der Personalpsychologie, Berlin/Heidelberg 2017.

Klefges, Tobias Employer Branding als Kernelement des strategischen Personalmarketing,Hamburg 2011.

Knecht, Sylvia Personalgewinnung in Zeiten des Fachkräftemangels: Quereinsteiger als potenzielle Kandidaten entdecken, 2. Auflage, Wiesbaden 2016.

Kotler, Philip Marketing Management: Analysis, Planning, Implementation and Control, 7th Edition, Englewood Cliffs/NJ: Prentice Hall 1991.

Krause, Lea Die Generation Y: Ihre Wünsche und Erwartungen an die Arbeitsweltmarktorientierten Managements deutscher Unternehmen,

Mering/München 2017.

Kreis, Henning/Kuß, Alfred/Wildner, Raimund Marktforschung: Grundlagen der Datenerhebung und Datenanalyse, 5. Auflage, Wiesbaden 2014.

Kremmel, Dietmar/Walter, Benjamin Employer Brand Management: Arbeitgebermarken aufbauen und steuern, in: Kremmel, Dietmar/Walter, Benjamin (Hrsg.): Employer Brand Management: Grundlagen, Strategie, Umsetzung, Wiesbaden 2016, S. 3-36.

Kreutzer, Ralf Praxisorientiertes Marketing: Grundlagen - Instrumente - Fallbeispiele, 4. Auflage, Wiesbaden 2013.

Kromrey, Helmut/Roose, Jochen/Strübing, Jörg Empirische Sozialforschung: Modelle und Methoden der standardisierten Datenerhebung und Datenauswertung mit Annotationen aus qualitativ-interpretativer Perspektive, 13. Auflage, Konstanz/München 2016.

Latzel, Jana [u.a.] Perspektivwechsel im Employer Branding: Neue Ansätze für die Generationen Y und Z, in: Hesse, Gero/Mattmüller, Roland (Hrsg.): Marke und Branding, Wiesbaden 2015, S. 17-49.

Mangelsdorf, Martina 30 Minuten Generation Y, Offenbach 2014.

Michalk, Silke/Nieder, Peter Erfolgsfaktor Work-Life-Balance,Weinheim 2007.

Mrozek, Sara Employer Branding, Mering/München 2009.

Naundorf, Jessica Kritische Analyse von Employer Awards im Kontext des Employer Branding, Mering/München 2014.

Neuling, Franziska Employer Branding in der Sportbranche: konzeptionelle Einordnung und ausgewählte Fallstudien, Hamburg 2013.

Parment, Anders Die Generation Y: Mitarbeiter der Zukunft motivieren, integrieren, führen, 2. Auflage, Wiesbaden 2013.

Petkovic, Mladen Employer Branding: Arbeitgeber positionieren und präsentieren, in: Trost, Armin (Hrsg.): Wissenschaftliche Aspekte zum Employer Branding, Köln 2009, S. 78-96.

Petkovic, Mladen Employer Branding: Ein markenpolitischer Ansatz zur Schaffung von Präferenzen bei der Arbeitgeberwahl, 2. Auflage,Mering/München 2008.

Pfeil, Silko Werteorientierung und Arbeitgeberwahl im Wandel der Generationen: Eine empirisch fundierte Analyse unter besonderer Berücksichtigung der Generation Y, Wiesbaden 2017.

Pulte, Peter Das deutsche Arbeitsrecht: Kompaktwissen für die Praxis, 2. Auflage, München 2006.

Purgal, Paulina Wertewandel der Y-Generation: Konsequenzen für die Mitarbeiterführung, Hamburg 2015.

Rathgeber, Stephan Einstellungssache: Personalgewinnung mit Frechmut und Können: Frische Ideen für Personalmarketing und Employer Branding, in: Buckmann, Jörg (Hrsg.): Millennials in der Arbeitswelt: neue Generation, neue Spielregeln?, 2. Auflage, Wiesbaden 2017, S. 113-126.

Rehm, Florian Web 2.0 im Bereich der Personalbeschaffung, Mering/München 2014.

Rodeck, Max Leo Der Wertewandel in der Arbeitswelt durch die Generation Y: Wie Unternehmen bei der Personalführung sinnvoll reagieren und agieren können, Hamburg 2015.

Rudholzer, Benjamin Work-Life-Balance zur Mitarbeiterbindung der Generation Y, Hamburg 2015.

Ruthus, Julia Arbeitgeberattraktivität aus Sicht der Generation Y: Handlungsempfehlungen für das Human Resources Management,Wiesbaden 2014.

Schneider, Kristina Vereinbarkeit von Beruf und Familie: Work-Life-Balance als Erfolgsfaktor für Unternehmen?, Hamburg 2014.

Schulenburg, Nils Führung einer neuen Generation: Wie die Generation Y führen und geführt werden sollte Wiesbaden 2016.

Schulte, Marie Generation Y: Warum ein gerechtes Vergütungsmanagement die Attraktivität des Arbeitgebers steigert: Eine Befragung von Nachwuchskräften, Hamburg 2013.

Sonntag, Julia Employer Branding: Mit Social Media zur erfolgreichen Personalrekrutierung im Mittelstand, Hamburg 2014.

Sponheuer, Birgit Employer Branding als Bestandteil einer ganzheitlichen Markenführung, Wiesbaden 2010.

Steinmetz, Peter/Weis, Hans Christian Marktforschung, 8. Auflage, Herne 2012.

Stotz, Waldemar/Wedel-Klein, Anne Employer Branding: mit Strategie zum bevorzugten Arbeitgeber, München 2009.

Stritzke, Christoph Marktorientiertes Personalmanagement durch Employer Branding: Theoretisch-konzeptioneller Zugang und empirische Evidenz, Wiesbaden 2010.

Tometschek, Ralf Einstellungssache: Personalgewinnung mit Frechmut und Können: Frische Ideen für Personalmarketing und Employer Branding, in: Buckmann, Jörg (Hrsg.): Employer Branding: Innen beginnen, 2. Auflage, Wiesbaden 2017, S. 77-90.

Trost, Armin Employer Branding: Arbeitgeber positionieren und präsentieren, in: Trost, Armin (Hrsg.): Employer Branding, Köln 2009, S. 13-77.

Wanger, Susanne Flexible Arbeitszeitmodelle, Hamburg 2006.

Weber, Maria Erfolgsfaktoren des Employer Brandings im Bereich der Social Media, Hamburg 2012.

Welk, Svenja Die Bedeutung von Führung für die Bindung von Mitarbeitern: Ein Vergleich unterschiedlicher Führungsstile im Kontext der Generation Y, Wiesbaden 2015.

Wellner, René Employer Branding in der Zeitarbeit: Steigerung der Arbeitgeberattraktivität und Erhöhung des Mitarbeiter-Commitments, Hamburg 2014.

Wiehe, Dennis Employer Branding: Strategischer Prozess beim Aufbau einer Arbeitgebermarke, Hamburg 2010.

Wiese, Dominika Employer Branding: Arbeitgebermarken erfolgreich aufbauen, Saarbrücken 2005.

Wolf, Gunther Employer Branding: in 4 Schritten zur erfolgreichen Arbeitgebermarke, Hamburg 2014.

Wolf, Mareike Die Bedeutung des "Employer Branding" für die strategische Markenführung: Eine Betrachtung bisheriger Forschungsergebnisse im Kontext erfolgreicher und nicht erfolgreicher Beispiele aus der Praxis, Hamburg 2010.

Wunderer, Rolf Führung und Zusammenarbeit: Eine unternehmerische Führungslehre, 3. Auflage, Neuwied 2000.

Zeitschriften

Ambler, Tim/Barrow, Simon The Employer Brand, in: Journal of Brand Management 1996, 4(4), S. 185-206.

Chambers, Ed [u.a.] The War For Talent, in: The McKinsey Quarterly 1998, Nr. 3, S. 44–57.

Elektronische Quellen

Berkowski, Nadine/Kötter, Paul/Schulze, Claudia: Was motiviert die Generation Y im Arbeitsleben?, auf: Homepage der Kienbaum Management Consultants GmbH, in: http://www.kienbauminstitut-ism.de/fileadmin/user_data/veroeffentlichungen/Kienbaum_Studie_Generation_Y_2009_2010.pdf, 23.11.2017, 16:54 Uhr.

Müller, Hans-Peter: Begriffsdefinitionen Werte und Wertewandel, auf: Homepage der Bundeszentrale für politische Bildung, in: http://www.bpb.de/politik/grundfragen/deutsche-verhaeltnisse-einesozialkunde/138453/begriffsdefinitionen, 13.11.2017, 13:03 Uhr.

Müller, Verena: Employee Branding – Mitarbeiter als Botschafter für das eigene Unternehmen, auf: Homepage Recrutainment Blog, in: https://blog.recrutainment.de/2009/10/17/employee-branding-mitarbeiter-als-botschafter-fur-das-eigene-unternehmen, 16.11.2017, 20:41 Uhr.

o.V.: Employer Branding Definition, auf: Homepage der Deutschen Employer Branding Akademie (DEBA), in: http://employerbranding.org/about/mission-und-grundsaetze, 10.11.2017, 19:26 Uhr.

o.V.: Employer Branding „Wirkungskreis": Wirkungsbereiche und positive Effekte, auf: Homepage der Deutschen Employer Branding Akademie (DEBA), in: http://www.employerbranding.org/downloads/publikationen/DEBA_EB-Wirkungskreis.pdf, 16.11.2017, 14:43 Uhr.

o.V.: Ergebnisse der 13. koordinierten Bevölkerungsvorausberechnung, auf: Homepage des Statistischen Bundesamtes, in: https://www.destatis.de/DE/ZahlenFakten/GesellschaftStaat/Bevoelkerung/Bevoelkerungsvorausberechnung/Tabellen/AltersgruppenBis2060.html, 11.11.2017, 14:38 Uhr.

o.V.: Fachkräftemangel verschärft: Handelskammer schlägt Alarm, auf: Homepage der Süddeutschen Zeitung, in: http://www.sueddeutsche.de/news/karriere/arbeitsmarkt---hamburg-fachkraeftemangel-verschaerft-handelskammer-schlaegt-alarm-dpa.urn-newsml-dpa-com-20090101-171101-99-687195, 12.11.2017, 11:53 Uhr.

o.V.: Bevölkerung auf Grundlage des Zensus 2014, auf: Homepage des statistischen Bundesamtes, in: https://www.destatis.de/DE/ZahlenFakten/GesellschaftStaat/Bevoelkerung/Bevoelkerung.html, 29.11.2017, 17:36 Uhr.

1 Einleitung

1.1 Problemstellung und Zielsetzung

In den letzten Jahren hat das Thema *Employer Branding*, insbesondere für Personalverantwortliche in deutschen Unternehmen, zunehmend an Bedeutung gewonnen. Die Gründe sind dafür vielfältig: der demografische Wandel unserer Gesellschaft, der zunehmende Fach- und Führungskräftemangel, der Kampf um die besten Nachwuchskräfte sowie der gesellschaftliche Wertewandel.[1] Die Arbeitnehmer gelten als zentraler Erfolgsfaktor für die Erreichung der Unternehmensziele. Inzwischen haben viele Arbeitgeber erkannt, dass die Bildung einer einzigartigen Arbeitgebermarke zum einen die Attraktivität gegenüber potenziellen Arbeitnehmern erhöht und zum anderen die aktuellen Mitarbeiter langfristig an das Unternehmen binden kann.[2]

Besonders eine Zielgruppe rückt in den Fokus der Öffentlichkeit: die sogenannte *Generation Y*, Menschen, die zwischen den Jahren 1980 und 1995 geboren sind.[3] Diese Personengruppe hat eine andere Einstellung zur Arbeit als vorherige Generationen und stellt viele Unternehmen vor eine große Herausforderung. In naher Zukunft wird die Generation Y die Mehrheit der berufstätigen Bevölkerung darstellen und den Arbeitsmarkt mittel- bis langfristig dominieren.[4] Entsprechend sind Unternehmen gefordert, geeignete Employer-Branding-Maßnahmen zu entwickeln, um die Bedürfnisse und Erwartungen der künftigen Arbeitnehmergeneration zu erfüllen. Mit einer richtig positionierten Arbeitgebermarke kann das Unternehmen bei dieser Zielgruppe zum Wunscharbeitgeber werden.[5]

In der vorliegenden Arbeit wird die Wichtigkeit des Employer Brandings für die Generation Y in Orientierung an folgender Leitfrage erörtert:

> Inwiefern beeinflusst die Generation Y das Employer Branding?

---

[1] Vgl. Ruthus (2014), S. 1.
[2] Vgl. Jepp (2014), S. 1.
[3] Vgl. Krause (2017), S. 10.
[4] Vgl. Purgal (2014), S. 9.
[5] Vgl. Wiehe (2010), S. 7.

1.2 Gang der Untersuchung

Die nachfolgenden Ausführungen sind in drei Abschnitte unterteilt:

Im ersten Abschnitt werden die theoretischen Grundlagen für die Erörterung des Themas *Employer Branding* aufbereitet. Dabei wird die Entstehungs- und Entwicklungsgeschichte rekonstruiert und der Begriff *Employer Brand* näher betrachtet. Anschließend werden verschiedene Definitionen des Begriffs *Employer Branding* vorgestellt, um diese Begrifflichkeit im nächsten Schritt vom *Personalmarketing* abzugrenzen. Sodann werden die Gründe für die zunehmende Bedeutung des Employer Brandings dargelegt. Im Anschluss daran werden die Funktionen der Arbeitgebermarke jeweils aus Sicht des Arbeitgebers und des Arbeitnehmers analysiert. Ferner werden die verschiedenen Wirkungsbereiche einer Arbeitgebermarke aufgezeigt, nämlich Mitarbeiterbindung, Mitarbeitergewinnung, Unternehmenskultur, Unternehmensmarke, Leistung sowie Ergebnis. Abschließend geht es um die Erläuterung der Hauptbestandteile eines Employer-Branding-Prozesses.

Der zweite Abschnitt beschäftigt sich mit der so genannten *Generation Y*. Deren Charakterisierung erfolgt zum einen durch die Auseinandersetzung mit verschiedenen vorliegenden Definitionen, zum anderen durch die Abgrenzung der Generation Y von der *Generation Babyboomer* einerseits und der *Generation X* andererseits. Die Aufbereitung der theoretischen Grundlagen endet mit einer Darlegung und Erläuterung der Anforderungen, die die Generation Y gegenüber der Arbeitswelt erhebt.

Der dritte Abschnitt widmet sich der Darstellung und Auswertung der empirischen Erhebung, die zum Zwecke der Erforschung von Einstellungen der Generation Y zum Thema Employer Branding durchgeführt wurde. Auf dem Hintergrund der dabei gewonnenen Erkenntnisse werden zu einem Handlungsempfehlungen ausgesprochen, zum anderen wird die empirische Erhebung einer kritischen Würdigung unterzogen.

Die Arbeit endet mit einer Zusammenfassung der wichtigsten Ergebnisse sowie der Beantwortung der eingangs gestellten Leitfrage. Zudem werden Vermutungen über die zukünftige Entwicklung des Employer Brandings bezogen auf die Generation Y angestellt.

2 Theoretische Grundlagen zum Thema Employer Branding

2.1 Begriffliche Abgrenzung

Der folgende Abschnitt beschäftigt sich damit, einen begrifflichen Rahmen in Bezug auf das Employer Branding zu entwickeln. Für den Begriff *Employer Branding* gibt es in der Literatur keine einheitliche und eindeutige Definition. Allerdings ist es erforderlich, eine begriffliche Abgrenzung vorzunehmen, um den Begriff *Employer Branding* im Gesamtkontext zu verstehen. In diesem Zusammenhang wird zunächst die Entstehungsgeschichte des Employer Bandings betrachtet. Im nächsten Schritt wird der Begriff *Employer Brand* erläutert, um anschließend den Begriff *Employer Branding* näher zu behandeln. Es werden verschiedene Definitionen des Begriffs *Employer Branding* analysiert. Darauf folgend werden die allgemeinen Ziele, die Employer Branding verfolgt, beschrieben. Abschließend wird das Employer Branding vom Personalmarketing abgegrenzt.

2.1.1 Entstehungsgeschichte

Bereits in den 1960er Jahren wurde erstmals in der Fachliteratur von Personalmarketing gesprochen.[6] In diversen Branchen wurde darüber diskutiert, dass ein Unternehmen seinen Schwerpunkt nicht nur auf den Absatzmarkt legen darf, sondern vermehrt darauf achten sollte, wie die Situation auf dem Arbeitsmarkt ist. Die Konzeption des Produktmarketings wurde auf den Bereich der Personalarbeit übertragen und somit gab es den ersten Anstoß für das Personalmarketing.[7] Diese neue Praxis entfachte auch im Bereich des Personalmarktes einen intensivierten Konkurrenzkampf zwischen den Unternehmen. Das Ziel der Unternehmen war es, Wettbewerbsvorteile zu generieren, um die Bedürfniserfüllung der Zielgruppen zu verbessern. Jedoch lagen den Unternehmen zur damaligen Zeit keine strategischen Konzepte vor.[8] Erst in den späten 1990er Jahren beschäftigte sich das Personalmarketing mit der Bedeutung von Unternehmensmarken, damit Arbeitnehmer sich besser mit ihrem Arbeitgeber identifizieren können. Infolgedessen rückte die Arbeitgeberattraktivität immer mehr in den Vordergrund der Unternehmen, um neue Talente am Arbeitsmarkt zu gewinnen.[9] Employer Branding tauchte erstmals im

---

[6] Vgl. Buckesfeld (2012), S. 27.
[7] Vgl. Heming (2017), S. 11.
[8] Vgl. Stotz/Wedel-Klein (2009), S. 12.
[9] Vgl. Bartscher/Nissen (2017), S. 532.

Jahr 1996 in der Literatur auf und die ersten Autoren, die sich mit dem Thema beschäftigten, waren Simon Barrow und Tim Amber. In ihrem Artikel „The Employer Brand", der im Journal of Brand Management erschien, brachten die beiden Autoren, die zuvor getrennten Themen im Bereich Human Resources und Markenbildung, zusammen. Sie erkannten den steigenden Verlust an talentierten Fach- und Führungskräften. Ihrer Meinung nach sollten die Arbeitgeber bei ihren Mitarbeitern eine hohe Identifikation und Bindung anstreben, um erfolgreich im Wettbewerb um die neuesten Talente zu sein.[10] Diese Thesen wurden in der Praxis zunehmend beachtet. Deutsche Unternehmen haben in den vergangenen Jahren, bedingt durch drastischen Veränderungen am Arbeitsmarkt, erkannt, dass es geboten ist, entsprechende Employer-Branding-Maßnahmen einzuleiten.[11]

2.1.2 Employer Brand

Eine Employer Brand drückt aus, wie die aktuellen und potenziellen Mitarbeiter das Unternehmen als Arbeitgeber wahrnehmen.[12] Der Begriff *Employer Brand* stammt aus dem Englischen und wird übersetzt mit *Arbeitgebermarke*. Es erscheint demnach sinnvoll, zunächst die Begriffe *Employer* (Arbeitgeber) und *Brand* (Marke) zu bestimmen, um zu einem besseren Verständnis der gesamten Problematik zu gelangen.[13]

Der Begriff *Arbeitgeber* ist Peter Pulte zufolge rechtlich eindeutig definiert:

> „Arbeitgeber sind diejenigen natürlichen und juristischen Personen sowie Körperschaften des öffentlichen Rechts, die mindestens eine Person zur Erbringung einer Leistung beschäftigen und eine entsprechende meisten monetäre Gegenleistung in Aussicht stellen."[14]

Für den Begriff *Marke* liegen zahlreiche Definitionen vor. Im Folgenden werden die wichtigsten kurz vorgestellt. Christoph Burmann, Wirtschaftswissenschaftler im Bereich Markenmanagement, charakterisiert den Begriff *Marke* folgendermaßen:

---

[10] Vgl. Ambler/Barrow (1996), S. 185f.
[11] Vgl. Wiehe (2010), S. 11.
[12] Vgl. Stotz/Wedel-Klein (2009), S. 6.
[13] Vgl. Naundorf (2014), S. 18.
[14] Quelle: Pulte (2006), S. 6f.

> „Die Marke ist ein Nutzenbündel mit spezifischen Merkmalen, die dafür sorgen, dass sich dieses Nutzenbündel gegenüber anderen Nutzenbündeln, welche dieselben Basisbedürfnisse erfüllen, aus Sicht der relevanten Zielgruppen nachhaltig differenziert."[15]

Philip Kotler hingegen betrachtet die Marke aus Sicht des Produktmarketings. Der US-amerikanische Professor für Marketing definiert den Begriff so:

> "A brand can be defined as a name, term, sign, symbol, or design or combination of them which is intended to identify the goods and services of one seller or a group of sellers and to differentiate them from those of competitors."[16]

Burmann und Kotler vernachlässigen in ihren Begriffsbestimmungen die Wirkung der Markenprodukte auf die Konsumenten. Der konsumorientierte Ansatz wird hingegen von Franz-Rudolf Esch in seiner Markendefinition berücksichtigt:

> „Marken sind Vorstellungsbilder in den Köpfen der Konsumenten, die eine Identifikations- und Differenzierungsfunktion übernehmen und das Wahlverhalten prägen."[17]

Das Markenverständnis in der Definition von Esch lässt sich ohne Weiteres auf die Arbeitgebermarke übertragen. Diesen Ansatz hat Mladen Petkovic erkannt. Er definiert in seinem Buch „Employer Branding: Ein markenpolitischer Ansatz zur Schaffung von Präferenzen bei der Arbeitgeberwahl" den Begriff *Arbeitgebermarke* wie folgt:

> „Die Arbeitgebermarke stellt im Ergebnis ein im Gedächtnis der umworbenen akademischen Fach- und Führungskräfte fest verankertes, unverwechselbares Vorstellungsbild eines Arbeitgebers dar. Dieses Vorstellungsbild umfasst zum einen ein Bündel subjektiver relevanter, personalpolitischer Attraktivitätsmerkmale. Zum anderen umfasst die Arbeitgebermarke entscheidungsrelevante Erfolgsdimensionen wie insb. Orientierung, Vertrauen und Identifikation."[18]

Demzufolge sind Marken nicht nur für Konsumenten, sondern auch für bestehende und potenzielle Mitarbeiter von zentraler Bedeutung. Die Arbeitgebermarke dient dem Zweck, sich von anderen Arbeitgebern abzugrenzen. Durch erfolgs-

---

[15] Quelle: Burmann/Kirchgeorg/Meffert (2015), S. 328.
[16] Quelle: Kotler (1991), S. 442.
[17] Quelle: Esch (2014), S. 22.
[18] Quelle: Petkovic (2008), S. 70f.

entscheidende Funktionen (Orientierung, Vertrauen und Identifikation) soll das positive Image des Arbeitgebers erkannt und wahrgenommen werden.[19]

Bei der Bildung einer Employer Brand ist zu berücksichtigen, dass sie einen Teilbereich der Corporate Brand (Unternehmensmarke) darstellt. Die Corporate Brand gibt die Markenstrategie für das Employer Branding vor und daher müssen beide miteinander harmonisieren.[20] Die Arbeitgebermarke konzentriert sich auf die Anforderungen von bestehenden und potenziellen Arbeitnehmern. Die Unternehmensmarke hingegen hat das primäre Ziel, alle Stakeholder (z.B. Mitarbeiter, Kunden, Investoren oder die Öffentlichkeit) gleichermaßen anzusprechen und dadurch die Unternehmenswerte zu steigern.[21]

2.1.3 Employer Branding

Employer Brand stellt das Ziel der Markenbemühung dar, während Employer Branding den Weg des strategischen Prozesses der Markenbildung und somit den Aufbau einer Arbeitgebermarke beschreibt.[22] Employer Branding hat seinen Ursprung im Marketingbereich und soll die klassischen Grundlagen der Markenführung aus dem Marketing in den Bereich des Personalmanagements übertragen.[23] Der Aufbau einer einzigartigen Arbeitgebermarke steht dabei im Vordergrund und soll im zunehmenden Wettbewerb um potenzielle Arbeitnehmer einen strategischen Vorteil bringen.[24]

Im Weiteren soll es nun darum gehen, den Begriff *Branding* (Markenbildung) kurz zu erläutern.

Unter Branding wird im Allgemeinen der strategische Führungsprozess einer Marke verstanden, welcher über einen längeren Zeitraum etabliert wird und der die zielgerichtete Analyse, Planung, Umsetzung und Kontrolle aller Aktivitäten beinhaltet. Das Branding ist dann erfolgreich, wenn die aktuellen und potenziellen Arbeitskräfte einen emotionalen Bezug zum Unternehmen entwickeln.[25]

---

[19] Vgl. Behnood (2012), S. 13.
[20] Vgl. Immerschitt/Stumpf (2014), S. 37.
[21] Vgl. Heider-Winter (2014), S. 14.
[22] Vgl. Neuling (2013), S. 17.
[23] Vgl. Geschwill/Schuhmacher (2014), S. 35.
[24] Vgl. Büttgen/Kissel (2013), S. 109.
[25] Vgl. Hanußek (2016), S. 29.

Aus der Vielzahl der in der Literatur vorliegenden Definitionen des Begriffs *Employer Branding* werden im Folgenden einige wichtige vorgestellt. Seit einigen Jahren beschäftigt sich auch die deutsche Literatur mit dem Thema Employer Branding. Im Jahr 2006 wurde erstmals von der Deutschen Employer Branding Akademie (DEBA) eine Definition vorgelegt:

> „Employer Branding ist die identitätsbasierte, intern wie extern wirksame Entwicklung und Positionierung eines Unternehmens als glaubwürdiger und attraktiver Arbeitgeber. Kern des Employer Brandings ist immer eine die Unternehmensmarke spezifizierende oder adaptierende Arbeitgebermarkenstrategie. Entwicklung, Umsetzung und Messung dieser Strategie zielen unmittelbar auf die nachhaltige Optimierung von Mitarbeitergewinnung, Mitarbeiterbindung, Leistungsbereitschaft und Unternehmenskultur sowie die Verbesserung des Unternehmensimages. Mittelbar steigert Employer Branding außerdem Geschäftsergebnis sowie Markenwert."[26]

Demnach können sich die Unternehmen durch das positive Image als attraktiver und glaubwürdiger Arbeitgeber darstellen. Darüber hinaus können sie sich gegenüber anderen Unternehmen im Wettbewerb der potenziellen Nachwuchskräfte besser positionieren.[27] Mladen Petkovic betrachtet das Employer Branding als einen Prozess, den er folgendermaßen charakterisiert:

> „Employer Branding umfasst alle Entscheidungen, welche die Planung, Gestaltung, Führung und Kontrolle einer Arbeitgebermarke sowie der entsprechenden Marketingmaßnahmen betreffen mit dem Ziel, die umworbenen Fach- und Führungskräfte präferenzwirksam (Employer-of-Choice) zu beeinflussen."[28]

Nach dieser Definition handelt sich beim Employer Branding um einen Prozess, der primär das Ziel verfolgt, eine Arbeitgebermarke aufzubauen und zu führen. Diese soll erfolgreich in den Köpfen der aktuellen und zukünftigen Arbeitskräfte positioniert werden.[29]

Für Christoph Beck bezeichnet Employer Branding *„die Profilierung und Positionierung eines Unternehmens als Arbeitgeber auf den relevanten Zielmärkten, verbunden mit der Zielsetzung, ein unverwechselbares Vorstellungsbild als attraktiver*

---

[26] Quelle: http://employerbranding.org/about/mission-und-grundsaetze (Stand: 10.11.2017, 19:26 Uhr)
[27] Vgl. Albesano (2016), S. 37.
[28] Quelle: Petkovic (2008), S. 71.
[29] Vgl. Herten (2015), S. 20.

Arbeitgeber in der Wahrnehmung seiner internen und externen Zielgruppen (künftigen, potenziellen, aktuellen und ehemaligen Mitarbeitern) zu realisieren."[30]

Die hier wiedergegebenen Definitionen lassen erkennen, dass Employer Branding zum einen ein Instrument der Mitarbeitergewinnung und zum anderen ein Instrument der Mitarbeiterbindung ist.[31]

Das oberste Ziel der Employer Branding ist die langfristige Verbesserung und Sicherung der Mitarbeiterbindung und Mitarbeitergewinnung.[32] Zudem soll eine Arbeitgebermarke langfristig aufgebaut und eine Firma als attraktives Unternehmen auf dem Arbeitsmarkt positioniert werden. Die Unternehmen wollen sich sowohl nach innen als auch nach außen als sogenannte *Employer of Choice* (Wunscharbeitgeber) profilieren, um sich von ihren Mitbewerbern abzuheben.[33] Zum einen steigt die Motivation der Mitarbeiter, sodass die Arbeitsqualität verbessert wird, und zum anderen sinken die Fehlzeiten und die Fluktuation im Unternehmen.[34] Darüber hinaus verfolgt Employer Branding das Ziel, eine sogenannte *Employer Value Proposition* (EVP) zu erreichen. Sie ist das Arbeitgeberversprechen an aktuelle und zukünftige Arbeitskräfte. Die EVP ist hinsichtlich ihrer Bedeutung vergleichbar mit der so genannten *Unique Selling Proposition* (USP).[35]

Die USP beschreibt das Alleinstellungsmerkmal im Produktmarketing und gilt als einzigartiges Nutzungsversprechen, welches die Konkurrenz nicht ohne weiteres nachahmen kann.[36] Zudem besteht aus wirtschaftlicher Sicht das Ziel des Employer Brandings darin, eine Reduzierung der Akquisitionskosten sowie eine effiziente Gestaltung der Such- und Auswahlprozesse zu erreichen.[37]

Um *Employer Branding* noch stärker zu profilieren, erfolgt im nächsten Abschnitt eine Abgrenzung gegenüber dem Personalmarketing.

---

[30] Quelle: Beck (2008), S. 28.
[31] Vgl. Behnood (2012), S. 15.
[32] Vgl. Klefges (2011), S. 18.
[33] Vgl. Schulte (2013), S. 10.
[34] Vgl. Berg (2014), S. 32.
[35] Vgl. Trost (2009), S. 16.
[36] Vgl. Görg (2010), S. 40f.
[37] Vgl. Sponheuer (2009), S. 96f.

2.1.4 Abgrenzung zum Personalmarketing

Employer Branding und Personalmarketing sind eng miteinander verbunden und werden entsprechend häufig verwechselt. Im Folgenden geht es zunächst um eine Betrachtung des Konzepts des Personalmarketings. Hans Jürgen Drumm, Verfasser des Lehrbuches „Personalwirtschaft", definiert das Personalmarketing wie folgt:

> „Unter Personalmarketing wird die Erschließung des externen Arbeitsmarktes durch Auf- und Ausbau eines positiven Image auf beschaffungsrelevanten Arbeitsmarktsegmenten verstanden."[38]

Der Marketinggedanke soll beim Personalmarketing konsequent im Personalbereich umgesetzt werden. Dabei kann zwischen internem Personalmarketing, welches auf aktuelle Arbeitnehmer im Unternehmen abzielt, und externem Personalmarketing, das zukünftige Arbeitnehmer erreichen soll, unterschieden werden.[39] Bei genauer Betrachtung kann das Personalmarketing eher als Teilbereich des Employer Brandings gesehen werden. Das Personalmarketing dient dem Employer Branding als ein Mittel, die Werte, Chancen und Stärken eines Arbeitgebers zu kommunizieren.[40] Der wesentliche Unterschied zum Personalmarketing besteht darin, dass beim Employer Branding das strategische Personalmarketing der Markenführung weiterentwickelt wird. Infolgedessen wird eine Arbeitgebermarke aufgebaut und ermöglicht es, so am Arbeitsmarkt aus der Masse herauszustechen. Dadurch können am Arbeitsmarkt entscheidende Wettbewerbsvorteile erzielt werden.[41]

2.2 Gründe für die zunehmende Bedeutung des Employer Brandings

In den letzten Jahren haben die Unternehmen generell über genügend qualifizierte Bewerber verfügt und sich entsprechend nicht so viele Gedanken um potenzielle Arbeitskräfte gemacht.[42] Doch durch die permanente Veränderung des Arbeitsmarktes sind die täglichen Herausforderungen für die Unternehmen gestiegen. Inzwischen haben sie erkannt, dass sich die Arbeitswelt im Umbruch befindet, und versuchen, ihre Attraktivität als Arbeitgeber zu steigern.[43] Insbesondere die

---

[38] Quelle: Drumm (2006), S. 293.
[39] Vgl. Felser (2010), S. 3.
[40] Vgl. Frena (2015), S. 46.
[41] Vgl. Stritzke (2010), S. 56f.
[42] Vgl. Herten (2015), S. 11.
[43] Vgl. Heming (2017), S. 12.

Determinanten demografische Entwicklung, Fach- und Führungskräftemangel, War for Talents und der gesellschaftliche Wertewandel sind verantwortlich dafür, dass das Thema Employer Branding in den letzten Jahren eine entscheidende Rolle in der Personalwirtschaft der Unternehmen spielt.[44]

In der folgenden Abbildung 1 sind die wichtigsten Gründe für die zunehmende Bedeutung des Employer Brandings graphisch dargestellt. Sie werden anschließend näher erläutert:

Abbildung 1: Gründe für die zunehmende Bedeutung des Employer Brandings[45]

2.2.1 Demografische Entwicklung

Der Begriff *demografische Entwicklung* beschreibt die Veränderung der Zusammensetzung der Bevölkerung hinsichtlich ihrer Größe und Struktur.[46] Eine solche Entwicklung wird im Wesentlichen von drei Faktoren beeinflusst: Erstens von der Fertilitätsrate, die die Geburtenentwicklung der Bevölkerung im reproduktiven Alter beschreibt. Zweitens von der Lebenserwartung, womit die statistisch zu erwartende Zeitspanne des Lebens gemeint ist. Drittens von der Migration, d.h. von der Bevölkerungsbewegung über Landesgrenzen hinweg. Zusammengefasst beschreibt die demografische Entwicklung dementsprechend die Veränderungen von

---

[44] Vgl. Jepp (2014), S. 1f.
[45] Quelle: Eigene Darstellung.
[46] Vgl. Bollwitt (2010), S. 13f.

Bevölkerungsstrukturen und -größen durch veränderte Geburten- und Sterbezahlen sowie Wanderungen.[47]

In Deutschland vollzieht sich eine Wandlung der Bevölkerungsstruktur; sie stellt eine gesellschaftliche Herausforderung dar. Für die Unternehmen wird es zunehmend wichtiger sein, sich als attraktiver Arbeitgeber zu positionieren, um zukünftige Arbeitnehmer zu gewinnen und langfristig an das Unternehmen zu binden. Infolgedessen wird das Thema Employer Branding für die deutschen Unternehmen aufgrund des demografischen Wandels in den nächsten Jahren immer bedeutender.[48]

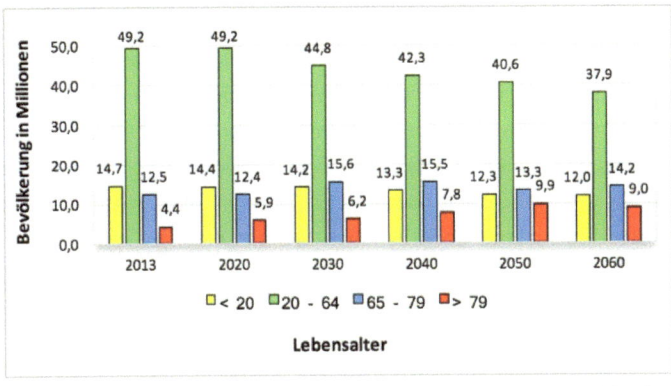

Abbildung 2: Voraussichtliche Entwicklung der Bevölkerung in Deutschland[49]

Abbildung 2 zeigt die voraussichtliche Entwicklung der deutschen Bevölkerung auf. Nach den Prognosen des Statistischen Bundesamtes kommt es in Deutschland zu einem Bevölkerungsrückgang vom Jahr 2013 ca. 80,8 Millionen Einwohnern auf knapp 73,1 Millionen bei einer Erhöhung der Lebenserwartung. Dadurch schrumpfen die Bevölkerung sowie die Anzahl der erwerbsfähigen Personen beträchtlich. Während sich im Jahr 2013 ca. 49,2 Millionen Menschen in einem Alter zwischen 20 und 64 Jahren befinden, sinkt diese Zahl voraussichtlich bis zum Jahr 2060 auf ca. 37,9 Millionen Menschen und wird sich somit um 23 % gegenüber dem Jahr

---

[47] Vgl. Binninger (2014), S. 13.
[48] Vgl. Mrozek (2009), S. 12f.
[49] Quelle: Eigene Darstellung in Anlehnung an: Das Statistische Bundesamt. https://www.destatis.de/DE/ZahlenFakten/GesellschaftStaat/Bevoelkerung/Bevoelkerungsvorausberechnung/Tabellen/AltersgruppenBis2060.html (Stand: 11.11.2017, 14:38 Uhr)

2013 reduzieren.[50] Die deutsche Bevölkerungsstruktur ist geprägt durch die steigende Lebenserwartung und die vergleichsweise geringe Anzahl an Geburten. Aufgrund der besseren medizinischen Versorgung und des steigenden Lebensstandards in der Gesellschaft kommt es zu einem kontinuierlichen Anstieg der Lebenserwartung sowie zu einer Alterung der Bevölkerungsstruktur.[51]

2.2.2 Fach- und Führungskräftemangel

Von einem Fach- und Führungskräftemangel ist in der Wirtschaft die Rede, sofern Jobpositionen für Arbeitnehmer mit bestimmten Fähigkeiten nicht besetzt werden können, da auf dem Personalmarkt keine entsprechend qualifizierten Arbeitskräfte zur Verfügung stehen.[52] Als qualifizierte Fachkräfte gelten Menschen, die über eine abgeschlossene Berufsausbildung und/oder den Hochschulabschluss besitzen sowie eine mehrjährige Berufserfahrung vorweisen können. Sie übernehmen komplexe und anspruchsvolle Aufgaben im Unternehmen ohne Führungsverantwortung.[53] Führungskräfte hingegen sind diejenigen Personen, die in einem Unternehmen andere Mitarbeiter führen und mit ihren Entscheidungen einen bedeutenden Einfluss auf die Unternehmenspolitik haben. Sie müssen unter anderem die Fähigkeit besitzen, die Mitarbeiter zu motivieren und klare Unternehmensziele zu formulieren.[54]

Der Fach- und Führungskräftemangel ist aktuell in vielen Unternehmen ein sehr wichtiges Thema, weil die Verfügbarkeit von qualifizierten Mitarbeitern in den nächsten Jahren zunehmend zum Engpassfaktor werden wird. Insbesondere in den Berufsfeldern der MINT-Qualifikation (Mathematik, Informatik, Naturwissenschaften, Technik) herrscht seit längerem ein Mangel an Fachkräften. Das Institut der deutschen Wirtschaft (IW) hat festgestellt, dass es bei fast der Hälfte der 660 Unternehmen, die befragt worden sind, Probleme bei der Rekrutierung von Hochschulabsolventen mit MINT-Qualifikationen gibt. Die Experten sehen vor allem den Rückgang der Lehrkräfte und das mangelnde Interesse von Frauen in den MINT-

---

[50] Vgl. https://www.destatis.de/DE/ZahlenFakten/GesellschaftStaat/Bevoelkerung/Bevoelkerungsvorausberechnung/Tabellen/AltersgruppenBis2060.html (Stand: 11.11.2017, 14:38 Uhr)
[51] Vgl. Jopp (2014), S. 6.
[52] Vgl. Kanning (2017), S. 7.
[53] Vgl. Sonntag (2014), S. 14.
[54] Vgl. Buckesfeld (2012), S. 9.

Disziplinen als wesentlichen Grund für diese negative Entwicklung an.[55] Die Hauptursache für den Fach- und Führungskräftemangel stellt die demografische Entwicklung in Deutschland dar. Aufgrund des demografischen Wandels wird die deutsche Gesellschaft durch die geringe Geburtenzahl deutlich altern und es wird künftig zu einem spürbaren quantitativen Fach- und Führungskräftemangel kommen.[56] Neben der demografischen Entwicklung wird der Arbeitsmarkt dadurch beeinflusst, dass sich Deutschland in den letzten Jahren, von einer national geprägten Industriegesellschaft zur globalen Informationsgesellschaft entwickelt hat.[57] Als eine Ursache für die rasante Entwicklung ist die Globalisierung zu nennen. Durch die weltweite Verschmelzung von Märkten steigt der Wettbewerbsdruck auf dem Arbeitsmarkt, weil immer mehr Unternehmen neue Kommunikationswege nutzen. Infolgedessen steigt weltweit die Konkurrenz, und die Unternehmen müssen sich als interessanter Arbeitgeber positionieren, um das Personal langfristig an sich zu binden.[58] Eine weitere Ursache für diesen Wandel ist der technologische Fortschritt, welcher die Mitarbeiter stets vor neue Anforderungen stellen. Durch moderne Kommunikationstechnologien (z.B. Internet, Handy und Laptop) werden die Arbeitskräfte gefordert und müssen ständig am Arbeitsplatz erreichbar sein.[59]

Eine Umfrage der Handelskammer in Hamburg hat ergeben, dass jedes zweite Unternehmen offene Stellen nicht langfristig besetzen kann. Folglich entwickelt sich der Mangel an geeigneten Fachkräften zu einer großen Herausforderung für die Hamburger Wirtschaft.[60] Die wirtschaftliche Entwicklung der Unternehmen ist durch die Verknappung von qualifizierten Arbeitskräften gefährdet. Die erforderlichen Innovationsprozesse werden beeinträchtigt und die Unternehmen können nicht so flexibel auf Veränderungen am Markt reagieren. Sie müssen erkennen, dass die Auswirkungen des Fach- und Führungskräftemangels entscheidend für die zukünftige Situation am Arbeitsmarkt werden wird. Die Wettbewerbsfähigkeit geht

---

[55] Vgl. Knecht (2016), S. 12f.
[56] Vgl. Böttger (2012), S. 3f.
[57] Vgl. Jopp (2014), S. 6f.
[58] Vgl. Schneider (2014), S. 5.
[59] Vgl. Buckesfeld (2012), S. 16.
[60] Vgl. http://www.sueddeutsche.de/news/karriere/arbeitsmarkt---hamburg-fachkraeftemangel-verschaerft-handelskammer-schlaegt-alarm-dpa.urn-newsml-dpa-com-20090101-171101-99-687195 (Stand: 12.11.2017, 11:53 Uhr)

verloren, sofern die wichtigen Schlüsselpositionen im Unternehmen über eine längere Zeitspanne nicht besetzt werden.[61]

2.2.3 War for Talents

Der Begriff *War for Talents* wurde erstmals von dem Wirtschaftsjournal McKinsey Quarterly in dem 1998 veröffentlichten Artikel „The War for Talent" durch Ed Michael verwendet.[62] In diesem Artikel beschreibt der US-amerikanische Direktor der Unternehmensberatung den Kampf um die besten Arbeitskräfte zur Besetzung der Führungspositionen im Unternehmen. Bereits zu dieser Zeit wurde erkannt, dass qualifizierte Fachkräfte im Laufe der Jahre immer knapper werden und sich somit zu einem entscheidenden Erfolgsfaktor eines Unternehmens entwickeln.[63] Die sogenannten *High Potentials* sind als solche Nachwuchskräfte zu verstehen, die hinsichtlich ihrer hohen fachlichen Ausbildung und sozialen Fähigkeiten außergewöhnliche Leistungsergebnisse erreichen.[64] Durch den demografischen Wandel in Deutschland ist das Angebot an qualifizierten sowie leistungsstarken jungen Arbeitskräften knapp und führt zu einer hohen Konkurrenz am Arbeitsmarkt. Entsprechend müssen die Unternehmen von den künftigen Zielgruppen als interessanter Arbeitgeber wahrgenommen werden, um im Wettbewerb um die besten Talente bestehen zu können.[65] Durch die Verknappung des Angebots an Nachwuchskräften findet am Arbeitsmarkt ein Wandel vom Arbeitgeber- zum Arbeitnehmermarkt statt. Die begehrten Talente haben die Möglichkeit, zwischen unterschiedlichen Angeboten auszuwählen. Dadurch rückt das Employer Branding aus Unternehmenssicht in den Vordergrund. Allmählich setzt sich die Überzeugung durch, dass eine erfolgreiche Arbeitgebermarke die richtigen Arbeitskräfte rekrutieren und langfristig an das Unternehmen binden kann.[66] Zudem müssen die Unternehmen im *War for Talents* darauf achten, dass ihre leistungsfähigen und hochqualifizierten Arbeitskräfte von der Konkurrenz nicht abgeworben werden. Aus diesem Grund dürfen sich die Unternehmen nicht ausschließlich auf die Gewinnung qualifizierter Fachkräfte konzentrieren, sondern müssen sich damit beschäftigen, wie

---

[61] Vgl. Immerschitt/Stumpf (2014), S. 4f.
[62] Vgl. Chambers [u.a.] (1998), S. 44.
[63] Vgl. Weber (2012), S. 1.
[64] Vgl. Bößenecker (2014), S. 1.
[65] Vgl. Naundorf (2014), S. 2.
[66] Vgl. Hartig (2014), S. 6.

die bestehenden Arbeitnehmer dauerhaft motiviert und an das Unternehmen gebunden werden können.[67] Durch den Abgang von qualifizierten Arbeitskräften drohen ein Verlust an Know-how und ein Imageschaden als attraktiver Arbeitgeber. Darüber hinaus wirkt sich eine hohe Fluktuation nachteilig auf das Betriebsklima und die Motivation der verbleibenden Arbeitnehmer aus.[68]

2.2.4 Gesellschaftlicher Wertewandel

Der Wertewandel stellt die Veränderung der Lebensverhältnisse und der moralischen Vorstellungen einer Gesellschaft dar. Werte charakterisiere das Denken und Handeln der Menschen und können sich durch kulturelle, soziale und ökonomische Rahmenbedingungen einer Gesellschaft verändern. In der Wirtschaft misst man den Wert eines bestimmten Gutes über seine Knappheit.[69]

Rolf Wunderer, von 1983 bis 2001 Professor für Betriebswirtschaftslehre an der Universität St. Gallen, beschreibt den Begriff *Wertewandel* folgendermaßen:

> „Von Wertewandel spricht man, wenn sich neue Werte in der Gesellschaft bilden, andere verschwinden oder wenn die Intensität bestimmter Werte zu- oder abnimmt bzw. deren Rangordnung sich verändert."[70]

In den letzten Jahrzehnten haben sich die Einstellungen der Menschen zum Leben und zur Arbeit grundsätzlich geändert. Viele Menschen identifizieren sich heutzutage über ihren Beruf. Dementsprechend wird darauf Wert gelegt, dass die Arbeit Freude macht und zur Selbstverwirklichung beiträgt. Die Erwerbsarbeit bildet die Grundlage für die Wertschätzung der eigenen Person.[71] Zudem streben immer mehr Arbeitnehmer nach einem ausgewogenen Verhältnis zwischen Familie und Arbeit. Die Mitarbeiter sollen bei der täglichen Herausforderung zur Herstellung einer Balance zwischen Berufs- und Privatleben durch entsprechende Maßnahmen, wie beispielsweise Telearbeit oder Teilzeit, durch den Arbeitgeber gefördert werden.[72] Ein wesentlicher Grund für diesen Wertewandel ist der zunehmende

---

[67] Vgl. Braun/Buch/Plagge (2011), S. 31f.
[68] Vgl. Immerschitt/Stumpf (2014), S. 5f.
[69] Vgl. http://www.bpb.de/politik/grundfragen/deutsche-verhaeltnisse-eine-sozialkunde/138453/begriffsdefinitionen (Stand: 13.11.2017, 13:03 Uhr)
[70] Quelle: Wunderer (2000), S. 173.
[71] Vgl. Jepp (2014), S. 1f.
[72] Vgl. Heming (2017), S. 15.

Wohlstand der Bevölkerung. Es streben immer mehr Menschen nach mehr Lebensqualität sowie einem höheren Bildungsniveau. Die deutsche Gesellschaft hat sich von einer Industrie- zur Wissensgesellschaft gewandelt. Aufgrund dieser Entwicklung steigen die Bedeutung und der Wert von Wissen, da die Anforderungen an die Arbeitskräfte durch anspruchsvolle und wissensintensive Tätigkeiten gewachsen sind.[73] Darüber hinaus ist in den vergangenen Jahren eine Entwicklung von materialistischen hin zu postmaterialistischen Werten zu erkennen. Das Bedürfnis von materialistischen Werten (z. B. Vermögen und Besitztum) ist in der heutigen Gesellschaft größtenteils befriedigt. Sie streben eher nach postmaterialistischen Werten, etwa Selbstverwirklichung und Kommunikation.[74]

2.3 Funktionen einer Arbeitgebermarke

Die Mitarbeiter eines Unternehmens sollen sich mit ihrem Arbeitgeber verbunden fühlen, ähnlich wie Konsumenten sich mit einem Markenprodukt identifizieren können. Entsprechend kann man das Konzept der Markenpolitik bei einer Produktmarke ohne Weiteres auf das Employer Branding übertragen.[75] Der zentrale Gedanke des Employer Brandings ist der Aufbau einer attraktiven Arbeitgebermarke durch Herausstellung besonderer Merkmale. Durch ein positives Image eines Arbeitgebers können für das gesamte Unternehmen wesentliche Wettbewerbsvorteile entstehen.[76]

Im folgenden Abschnitt werden die Funktionen der Arbeitgebermarke analysiert. Dabei lassen sich die Funktionen der Arbeitgebermarke aus zwei Blickwinkeln heraus betrachten: Zum einen aus der Arbeitgebersicht und zum anderen aus Arbeitnehmersicht, wobei sich jeder Perspektive drei Funktionen zuordnen lassen. Das Konzept des Employer Brandings soll sowohl aus Sicht des Arbeitgebers als auch des Arbeitnehmers eine „Win-Win-Situation" ergeben.[77] Die nachfolgende Abbildung 3 zeigt die Funktionen einer Arbeitgebermarke aus der Perspektive des Arbeitgebers und des Arbeitnehmers:

---

[73] Vgl. Albesano (2016), S. 15.
[74] Vgl. Schulte (2013), S. 5.
[75] Vgl. Wolf (2010), S. 10f.
[76] Vgl. Heider-Winter (2014), S. 19.
[77] Vgl. Bartscher/Nissen (2017), S. 534f.

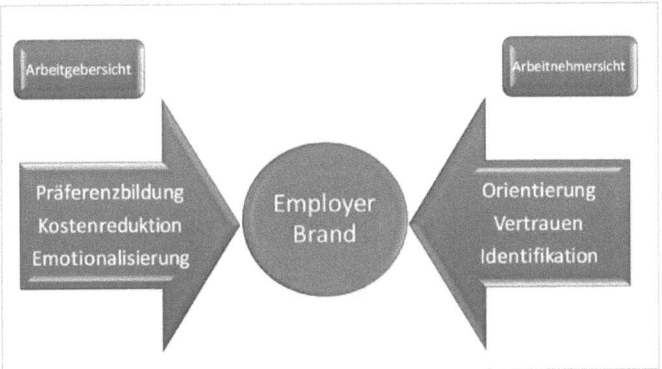

Abbildung 3: Funktionen der Employer Brand[78]

2.3.1 Arbeitgeberfunktionen

2.3.1.1 Präferenzbildung:

Das primäre Ziel des Employer Brandings ist es, durch eine möglichst stark ausgeprägte Präferenz bei den jeweiligen Zielgruppen den Status als *Employer of Choice* zu erreichen. Dieser Status ermöglicht, dass potenzielle Fachkräfte auf der Suche nach einem geeigneten Arbeitgeber ein bestimmtes Unternehmen gegenüber anderen Unternehmen bevorzugt.[79] Externe Kandidaten haben häufig nur oberflächliche Informationen über die künftigen Arbeitgeber und auch die Rahmenbedingungen wirken nahezu identisch im Vergleich mit anderen Unternehmen. Dementsprechend erleichtert eine erfolgreiche Arbeitgebermarke die Ansprache von Bewerbern und ermöglicht somit einen Wettbewerbsvorteil im Kampf um die besten Nachwuchskräfte.[80] Ein positives Arbeitgeberimage kann beispielsweise durch Empfehlung von Freunden, Informationsveranstaltungen in Hochschulen oder eine professionell gestaltete Unternehmens-Website erreicht werden. Entsprechend bewerben sich immer mehr Arbeitskräfte, die von ihren Vorstellungen und Werten her zum potenziellen Arbeitgeber passen.[81] Die Arbeitnehmer werden motivierter und auf diese Weise leistungsbereiter sein, sofern die Unternehmen die Vorstellungen erfüllen. Es ist aus Sicht der Unternehmen zu beachten, dass die Ver-

---

[78] Quelle: Eigene Darstellung in Anlehnung an: Wiese (2005), S. 30.
[79] Vgl. Petkovic (2008), S. 60f.
[80] Vgl. Buckesfeld (2012), S. 29f.
[81] Vgl. Stotz (2009), S. 30f.

sprechungen umsetzbar und glaubhaft nach innen und außen kommuniziert werden müssen.[82]

Abbildung 4: Wirkungsfelder der Arbeitgeberpräferenz[83]

Abbildung 4 zeigt die Wirkungsfelder der Arbeitgeberpräferenz. Mitarbeiter, die zufrieden mit ihrem Arbeitgeber sind, empfehlen das Unternehmen weiter und es kommt demnach zu neuen Bewerbungen. Nach einer erfolgreichen Bewerbungsphase erfolgt der Vertragsabschluss, da sich nur diejenigen bewerben, die sich mit dem Arbeitgeber identifizieren können. Aufgrund des Status als Wunscharbeitgeber kann das Unternehmen mit einer erhöhten Loyalität der neuen Mitarbeiter sowie deren positiver Weiterempfehlung auf den externen Arbeitsmarkt rechnen. Dieser Präferenzkreislauf kann an jeder der genannten Stellen in Gang gesetzt werden.[84]

2.3.1.2 Kostenreduktion:

Die Arbeitgebermarke erfüllt für das Unternehmen auch die grundsätzliche Funktion, Kosten zu reduzieren. Zufriedene Mitarbeiter, die sich mit dem Unternehmen verbunden fühlen, werden es nicht verlassen. Dadurch kann das Wissen der qualifizierten Fachkräfte bewahrt werden und somit bleibt das positive Image als attraktiver Arbeitgeber erhalten. Die Stimmung und die Motivation der Mitarbeiter

---

[82] Vgl. Immerschitt/Stumpf (2014), S. 40f.
[83] Quelle: Eigene Darstellung in Anlehnung an: Petkovic (2009) S. 79.
[84] Vgl. Petkovic (2009), S. 79.

steigern sich durch die Erhöhung der Loyalität zum Unternehmen.[85] Ferner sinkt der Aufwand in der Personalbeschaffung, und die Effizienz im Recruiting-Prozess wird erhöht. Durch die Steigerung des Bekanntheitsgrades erhält das Unternehmen mehr Initiativbewerbungen und kann daher freie Stellen schneller besetzen sowie Personalbeschaffungskosten einsparen.[86] Durch eine starke Employer Brand steigt die Anzahl geeigneter Bewerbungen und somit können weitere Personalkosten gesenkt werden. Es müssen weniger ungeeignete Bewerbungen bearbeitet werden, weil sich überwiegend die Kandidaten bewerben, die sich mit den Wertvorstellungen des Unternehmens identifizieren können.[87] Weiterhin können Fehlbesetzungen reduziert werden, weil sich potenzielle Mitarbeiter an der positiven Arbeitgebermarke orientieren können.[88]

2.3.1.3 Emotionalisierung

Ein Konzept des Markenmanagements stellt die Emotionalisierung dar, um sich von der Konkurrenz abzugrenzen. Die positive Arbeitgebermarke soll Sympathie auf Seiten der Bewerber entstehen lassen und entsprechend potenzielle Arbeitskräfte auf sich aufmerksam machen.[89] Eine emotional geladene Arbeitgebermarke steigert die Loyalität und die Identifikation mit dem Unternehmen. Infolgedessen erhöht sich die Zufriedenheit der Mitarbeiter und diese übernehmen freiwillig mehr Verantwortung, was die Arbeitsqualität sowie die Effizienz sichtlich steigert.[90] Durch die hohe Mitarbeiterzufriedenheit werden Abwerbungsversuche durch die Konkurrenz verhindert. Wichtige Faktoren, wie Know-how und Fachkenntnisse, bleiben dem Arbeitgeber erhalten und schwächen auf Dauer durch die langfristige Bindung der Mitarbeiter an das Unternehmen die Konkurrenz.[91] Der erfolgreiche Aufbau einer Arbeitgebermarke übernimmt weitere wichtige Bindungseffekte. Durch die Identifikation mit einem angesehenen Unternehmen erhalten die Arbeitnehmer einen höheren Status in der Gesellschaft. Der daraus entstehende emotionale Nutzen senkt einerseits die Fluktuationsrate. Andererseits

---

[85] Vgl. Weber (2012), S. 5.
[86] Vgl. Aßmann/Röbbeln (2013), S. 41.
[87] Vgl. Albesano (2016), S. 44.
[88] Vgl. Neuling (2013), S. 34.
[89] Vgl. Wiehe (2010), S. 27.
[90] Vgl. Frena (2015), S. 29f.
[91] Vgl. Kremmel/Walter (2016), S. 6.

werden die Mitarbeiter zum Markenbotschafter und empfehlen den Arbeitgeber an Dritte weiter.[92]

2.3.2 Arbeitnehmerfunktionen

2.3.2.1 Orientierung

Auf der Suche nach potenziellen Arbeitgebern werden die Bewerber mit einer hohen Anzahl an Informationen sowie komplexen Angeboten auf dem Arbeitsmarkt konfrontiert.[93] Jedoch ist das menschliche Gehirn nur in der Lage, eine bestimmte Menge an Informationen aufzunehmen. Angesichts mangelnder Transparenz ist es Kandidaten nur schwer möglich, relevante Informationen über die jeweiligen Unternehmen zu erhalten.[94] Vor diesem Hintergrund erleichtert eine starke Arbeitgebermarke mit ihrer Orientierungsfunktion aus Arbeitnehmersicht die Entscheidung zwischen konkurrierenden Unternehmen. Das richtige Unternehmen muss nicht lange von potenziellen Arbeitskräften gesucht werden und dadurch werden die Informations- und Suchkosten gesenkt.[95] Die potenziellen Mitarbeiter können durch die Arbeitgebermarke überprüfen, ob deren Persönlichkeit mit den Wertvorstellungen der Unternehmenskultur übereinstimmen. Bei Übereinstimmung dieser Werte wird der Mitarbeiter schneller in das Unternehmen integriert und leistungsfähiger sein.[96]

2.3.2.2 Vertrauen

Eine weitere wichtige Funktion der Arbeitgebermarke ist die Vertrauensbildung. Aufgrund der fehlenden Erfahrung und Information über die Eigenschaften des Unternehmens gehen Bewerber das Risiko ein, bei der Wahl des Arbeitsgebers eine Fehlentscheidung zu treffen.[97] Entsprechend ist eine zentrale Aufgabe der Arbeitgeber, Vertrauen bei den potenziellen Mitarbeitern aufzubauen. Starke Arbeitgebermarken stehen für Qualität und sollen daher das Risiko einer Fehlentscheidung bei den Bewerbern verringern.[98] Aus Unternehmenssicht ist es wichtig, die

---

[92] Vgl. Heming (2017), S. 24f.
[93] Vgl. Naundorf (2014), S. 27.
[94] Vgl. Weber (2012), S. 6.
[95] Vgl. Immerschitt (2014), S. 42.
[96] Vgl. Stotz/Wedel-Klein (2009), S. 33.
[97] Vgl. Bartscher/Nissen (2017), S. 535.
[98] Vgl. Buckesfeld (2012), S. 31.

internen sowie externen Versprechungen glaubwürdig zu kommunizieren und somit den Mitarbeitern das Gefühl von Sicherheit zu geben. Die Wahl eines Unternehmens spielt im Leben eines Menschen eine wichtige Rolle, da man in der Regel die meiste Lebenszeit mit der Arbeit verbringt.[99] Zudem hinterlässt eine frühzeitige Trennung vom Arbeitgeber deutliche Spuren im Lebenslauf. Diese können bei einer Bewerbung in einem neuen Unternehmen negativ bewertet werden. Entsprechend soll das Risikopotential bei der Auswahl des richtigen Arbeitgebers durch eine starke Arbeitgebermarke gesenkt werden.[100]

2.3.2.3 Identifikation

Die Werte des Unternehmens werden über die Identifikationsfunktion einer Arbeitgebermarke vermittelt. Die Entscheidung bei der Wahl des Unternehmens hängt nicht nur von objektiven Faktoren ab, sondern wird ebenfalls von emotionalen Gegebenheiten beeinflusst. Eine erfolgreiche Arbeitgebermarke kann sich sowohl auf bestehende als auch auf potenzielle Arbeitnehmer identitätsfördernd auswirken.[101] Potenzielle Mitarbeiter, die sich mit der Kultur und den Werten des Unternehmens identifizieren können, werden sich langfristig in einem Unternehmen wohl fühlen. Die Zufriedenheit steigt und die Mitarbeiter erbringen überdurchschnittliche Leistungsergebnisse. Infolgedessen werden die Mitarbeiter das eigene Unternehmen an andere Personen weiterempfehlen.[102] Darüber hinaus kann die Beschäftigung bei einem erfolgreichen Arbeitgeber das Selbstwertgefühl steigern. Durch das positive Image des Arbeitgebers gewinnen Mitarbeiter an Anerkennung in ihrem sozialen Umfeld. Zudem kann, im Fall eines Positionswechsels, eine anerkannte Arbeitgebermarke positiven Einfluss auf den eigenen Marktwert haben.[103]

2.4 Wirkungsbereiche der Arbeitgebermarke

Aus den beschriebenen Arbeitgeber- und Arbeitnehmerfunktionen einer Employer Brand ergeben sich für das Unternehmen verschiedene Wirkungsbereiche, die einen bedeutenden Einfluss auf die Unternehmensstrategie haben. Dabei sind die Wirkungen im internen Employer Branding von denen im externen Employer

---

[99] Vgl. Weber (2012), S. 6.
[100] Vgl. Petkovic (2008), S. 65.
[101] Vgl. Wiehe (2010), S. 28f.
[102] Vgl. Immerschitt/Stumpf (2014), S. 42.
[103] Vgl. Petkovic (2008), S. 67.

Branding zu differenzieren.[104] Der Aufbau einer erfolgreichen Arbeitgebermarke beeinflusst nicht nur das Image des Arbeitgebers, sondern wirkt sich zusätzlich auf unterschiedliche Teilbereiche des Unternehmens aus. Zudem können durch die Arbeitgebermarke entscheidende Vorteile im Wettbewerb sowie positive Effekte in fünf Wirkungsbereichen erzielt werden.[105]

Im Jahr 2006 ermittelte die Deutsche Employer Branding Akademie die Wirkungsbereiche der Arbeitgebermarke, die sich positiv auf verschiedene Bereiche des Unternehmens auswirken. Diese umfassen Mitarbeiterbindung, Mitarbeitergewinnung, Unternehmenskultur, Unternehmensmarke und Leistung sowie Ergebnis.[106] Überdies stehen diese Bereiche in Wechselwirkung untereinander und führen bei einer effektiven Strategie im Employer Branding zum Unternehmenserfolg. Bei einer Employer Branding Strategie sollen die Stärken des Personalmarketings, des Markenmanagements und der Organisationsentwicklung eingesetzt werden.[107]

In der nachfolgenden Abbildung 5 sind die fünf Wirkungsbereiche der Arbeitgebermarke graphisch dargestellt, die anschließend erläutert werden:

---

[104] Vgl. Immerschitt/Stumpf (2014), S. 42f.
[105] Vgl. Jopp (2014), S. 17f.
[106] Vgl. http://www.employerbranding.org/downloads/publikationen/DEBA_EB-Wirkungskreis.pdf (Stand: 16.11.2017, 14:43 Uhr)
[107] Vgl. Herten (2015), S. 23.

Theoretische Grundlagen zum Thema Employer Branding

Abbildung 5: Wirkungsbereiche der Arbeitgebermarke[108]

2.4.1 Mitarbeiterbindung

Das Unternehmen, welches seine Arbeitgebermarke nach außen kommunizieren will, muss zunächst die Erwartungen und Bedürfnisse der eigenen Mitarbeiter zufriedenstellen. Entsprechend stellen aktuelle Mitarbeiter eines Unternehmens die Grundvoraussetzung für eine erfolgreiche Arbeitgebermarke dar.[109] Die Position als attraktiver Arbeitgeber kann durch interne Employer-Branding-Maßnahmen verbessert werden, die sich auf bestehende Arbeitnehmer des Unternehmens ausrichten. Die Aufgabe besteht darin, die Arbeitgebermarke von innen nach außen zu tragen, weil die eigenen Arbeitnehmer die glaubwürdigsten und somit die besten Botschafter des Unternehmens sind.[110] Durch realisierbare Botschaften können sich die Mitarbeiter mit dem Unternehmen besser identifizieren und dadurch steigt die Attraktivität des Unternehmens. Das bedeutet konkret: Wer intern das

---

[108] Quelle: Eigene Darstellung in Anlehnung an: Deutsche Employer Branding Akademie. http://www.employerbranding.org/downloads/publikationen/DEBA_EB-Wirkungskreis.pdf (Stand: 16.11.2017, 14:43 Uhr)
[109] Vgl. Mrozek (2009), S. 33.
[110] Vgl. Brautmeier (2014), S. 5.

Arbeitgeberversprechen lebt, kann nach außen hin strahlen.[111] Die Fachhochschule Nordhausen und die Milch & Zucker AG haben in ihrer Studie festgestellt, dass ca. 70 % der befragten Mitarbeiter unternehmensbezogene Informationen von Privatpersonen im Vergleich zu Aussagen des Unternehmens als glaubhafter empfinden.[112] Das oberste Ziel des internen Employer Brandings ist die Mitarbeiterbindung. Durch die langfristige Bindung an das Unternehmen werden Fluktuationskosten reduziert und die Fachkenntnisse, die Innovationskraft sowie die Erfahrungswerte der aktuellen Fachkräfte bleiben dem Arbeitgeber auf langer Sicht bestehen.[113] Dadurch erhöht eine starke Arbeitgebermarke den sogenannten *Return on Development* im Unternehmen.[114] Zudem steigen durch die emotionale Bindung zum Unternehmen die Loyalität und die Zufriedenheit der Mitarbeiter, sobald die kommunizierten Versprechen des Arbeitgebers mit dem Erlebten übereinstimmen.[115]

2.4.2 Mitarbeitergewinnung

Neben der Bindung von Mitarbeitern wirkt das Employer Branding auch auf die Mitarbeitergewinnung. Eine Maßnahme zur Gewinnung von Mitarbeitern stellt das externe Employer Branding dar. Diese bezieht sich auf potenzielle Mitarbeiter auf dem Personalmarkt und vermittelt die Arbeitgeberposition nach außen.[116] Das Hauptziel des externen Employer Brandings ist es, ein positives Image zu potenziellen Arbeitskräften aufzubauen und das Unternehmen als *Employer of Choice* zu etablieren. Hierbei kann das Image des Arbeitgebers von der internen auf die externe Perspektive übertragen werden, wenn Arbeitnehmer sich mit anderen Personen positiv über das Unternehmen unterhalten.[117] Externe Employer-Branding-Maßnahmen können zu einem mediengestützt, wie Imagebroschüren, Stellenanzeigen sowie Karrierewebsite und zum anderen persönlich, wie das Angebot von Praktika, Abschlussarbeiten sowie Vorträgen an Hochschulen, durchgeführt

---

[111] Vgl. Tometschek (2017), S. 77.
[112] Vgl. https://blog.recrutainment.de/2009/10/17/employee-branding-mitarbeiter-als-botschafter-fur-das-eigene-unternehmen (Stand: 16.11.2017, 20:41 Uhr)
[113] Vgl. Hartig (2014), S. 8.
[114] Vgl. Wolf (2010), S. 6f.
[115] Vgl. Wellner (2014), S. 63.
[116] Vgl. Wiehe (2010), S. 12.
[117] Vgl. Brautmeier (2014), S. 6.

werden.[118] Durch eine erfolgreich geführte Arbeitgebermarke wird die Anzahl der qualitativen und geeigneten Bewerbungen gesteigert. Je bekannter ein Arbeitgeber ist, desto interessanter wird er von künftigen Arbeitnehmern wahrgenommen; dies wiederum erleichtert den Recruiting-Prozess im Unternehmen. Darüber hinaus bewerben sich überwiegend Kandidaten, die von ihrer Persönlichkeit zum Unternehmen passen und minimieren somit das Risiko von Fehlbesetzungen, wodurch der Aufwand in der Personalbeschaffung reduziert wird.[119] Ferner können mit einer richtig positionierten Arbeitgebermarke Erfolge im Kampf um die besten Nachwuchskräfte erzielt werden. Durch eine gezielte Kommunikation, wie Hochschulmessen und Personalwerbung, können die Bekanntheit und Attraktivität eines Unternehmens gesteigert werden.[120]

2.4.3 Unternehmenskultur

Die Unternehmenskultur beschreibt die Werte, Normen, Überzeugungen und Traditionen einer Organisation. Sie steuert das Verhalten der Mitarbeiter und kann den wirtschaftlichen Erfolg des Unternehmens wesentlich beeinflussen. Teilbereiche der Unternehmenskultur sind Unternehmensgrundsätze, Unternehmensphilosophie und Corporate Identity.[121] Die Arbeitgebermarke, als ein Instrument der Unternehmensführung, vermittelt die Wertvorstellungen des Unternehmens an die jeweiligen Zielgruppen. Eine positive Unternehmenskultur kann dazu führen, dass der Zusammenhalt der aktuellen Mitarbeiter gestärkt und zudem das Arbeitsklima verbessert wird.[122]

2.4.4 Unternehmensmarke

Die Arbeitgebermarke ist ein Teilbereich der Unternehmensmarke und gibt die Markenstrategie für das Employer Branding vor.[123] Die Hauptziele der Unternehmensmarke, sind alle Stakeholder-Gruppen zu berücksichtigen und langfristig die Unternehmenswerte zu steigern. Eine einzigartige und glaubwürdige Arbeitgebermarke hat einen positiven Einfluss auf das Ansehen bei allen Anspruchsgruppen

---

[118] Vgl. Behnood (2012), S. 20.
[119] Vgl. Hartig (2014), S. 9f.
[120] Vgl. Weber (2012), S.10.
[121] Vgl. Wolf (2010), S. 7f.
[122] Vgl. Buckesfeld (2012), S. 63.
[123] Vgl. Heider-Winter (2014), S. 14.

des Unternehmens.[124] Durch eine erfolgreiche Arbeitgebermarke wird das Unternehmensimage gestärkt und dadurch können sich im Marketingbereich Synergieeffekte ergeben. Eine unverwechselbare Arbeitgebermarke kann sich von der Konkurrenz abheben und die Attraktivität des Unternehmens steigern.[125]

2.4.5 Leistung und Ergebnis

Ein weiterer Wirkungsbereich, der durch Employer Branding gedeckt wird, ist die Leistungsfähigkeit der Mitarbeiter. Eine effektive Employer Branding Strategie kann die Arbeitsleistung der Arbeitnehmer im Unternehmen steigern. Durch eine emotional geladene Arbeitgebermarke können sich die Beschäftigten stärker mit ihrem Unternehmen identifizieren und die Qualität der Arbeitsergebnisse steigt.[126] Im optimalen Fall hat das gemeinsame Anstreben der Unternehmensziele eine positive Wirkung auf die Leistungsbereitschaft und das Engagement der Mitarbeiter. Die Loyalität der Beschäftigten wird durch das erhöhte Commitment mit den Zielen des Unternehmens verbessert.[127] Überdies fördert das Employer Branding die Eigenverantwortung der Arbeitnehmer, wodurch gleichzeitig der Führungsaufwand gesenkt wird.[128]

2.5 Employer-Branding-Prozess

Während die Arbeitgebermarke das Ziel der Markenbemühung hat, beschreibt das Employer Branding den Weg des strategischen Prozesses der Markenbildung.[129] Die Unternehmen müssen effektive Employer-Branding-Maßnahmen entwickeln, um eine erfolgreiche Arbeitgebermarke aufzubauen und sich somit im Kampf um die besten Nachwuchskräfte als interessanter Arbeitgeber zu positionieren.[130] Diese Maßnahmen müssen als strategischer Prozess ausgearbeitet und überlegt eingesetzt werden, um eine einzigartige Markenidentität zu schaffen. Dabei übernimmt das Employer Branding den Managementprozess einer Markenbildung aus der Absatzwirtschaft. Dieser Prozess beginnt mit der Analysephase, gefolgt von der

---

[124] Vgl. Weber (2012), S. 11.
[125] Vgl. Immerschitt/Stumpf (2014), S. 43.
[126] Vgl. Buckesfeld (2012), S. 63f.
[127] Vgl. Wolf (2010), S. 9.
[128] Vgl. Jopp (2014), S. 19.
[129] Vgl. Neuling (2013), S. 17.
[130] Vgl. Bößenecker (2014), S. 8.

Planungsphase, der Umsetzungsphase und letztlich der Phase der Kontrolle.[131] Die Geschäftsführung des Unternehmens muss den Prozess des Employer Brandings von Anfang unterstützen sowie die inhaltlichen Rahmenbedingungen überprüfen, damit es reelle Chancen für eine erfolgreiche Umsetzung gibt. Außerdem muss die Unternehmensleitung, als Werbeträger der Employer Brand, die potenziellen Mitarbeiter erreichen.[132] Darüber hinaus ist Employer Branding ein langfristiger Prozess, der viel Geduld erfordert. Dieser Prozess dauert in der Regel drei bis fünf Jahre, bis sich nachhaltige Ergebnisse zeigen. In der Praxis hat sich herausgestellt, dass es sinnvoll sein kann, einen oder mehrere Schritte bei gemachten Fehlern zurückzugehen, damit der gesamte Prozess im Nachhinein nicht beeinträchtigt wird.[133]

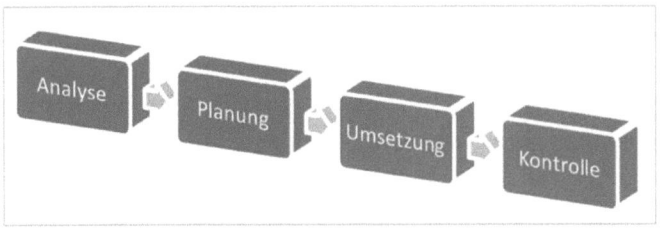

Abbildung 6: Der Employer-Branding-Prozess[134]

2.5.1 Analyse

Eine gründliche Analyse ist die Voraussetzung für den Aufbau und die Entwicklung einer starken Arbeitgebermarke.[135] Zudem muss die Einstellung der vorhandenen Arbeitnehmer und Führungskräfte untersucht werden, weil sie die wichtigsten Faktoren eines Unternehmens darstellen. Die Ansichten der Mitarbeiter können die Arbeitgebermarke sowohl positiv als auch negativ beeinflussen. Daher sollten die aktuellen Mitarbeiter in die Bildung und Kommunikation der Arbeitgebermarke mit eingebunden werden.[136] Der erste Schritt des Employer Brandings setzt sich aus der Unternehmensanalyse und der Zielgruppenanalyse zusammen. Mit

---

[131] Vgl. Latzel [u.a.] (2015), S. 27.
[132] Vgl. Buckesfeld (2012), S. 35.
[133] Vgl. Heider-Winter (2014), S. 17.
[134] Quelle: Eigene Darstellung in Anlehnung an: Stotz (2009) S. 89.
[135] Vgl. Wolf (2014), S. 56f.
[136] Vgl. Latzel [u.a.] (2015), S. 27f.

Hilfe der Unternehmensanalyse können Stärken und Schwächen am Arbeitsmarkt untersucht werden; diese Analyse bildet somit die Grundlage für markenpolitische Entscheidungen.[137] Außerdem ist für den Prozess des Employer Brandings eine klare Klassifizierung der Zielgruppen wichtig. Die Zielgruppenanalyse beschäftigt sich zum einen mit den möglichen Bewerbern auf dem Arbeitsmarkt und zum anderem mit den vorhandenen Arbeitnehmern im Unternehmen.[138]

2.5.2 Planung

Nach einer ausführlichen Analyse des Unternehmens und der jeweiligen Zielgruppe kann die Basis für die Strategie des Employer Brandings geplant werden. Sie beruht auf den Ergebnissen der Analyse und entwickelt eindeutige Maßnahmen für den Aufbau einer starken Arbeitgebermarke.[139] Während dieser Planungsphase erfolgen die Zielformulierung und die Markenpositionierung. Mit der Zielformulierung wird versucht, eine emotionale Bindung bei den Menschen der Zielgruppen aufzubauen und somit zum *Employer of Choice* zu werden. Dabei muss vom Unternehmen festgelegt werden, welche Strategien zukünftig eingesetzt werden sollen.[140] Ein weiterer wichtiger Vorgang beim Aufbau einer Arbeitgebermarke ist die Markenpositionierung. Hierbei versucht das Unternehmen, mit klaren Werteversprechen, den so genannten *Employer Value Propositions*, sich eine zentrale Stellung auf dem Arbeitsmarkt zu erobern.[141]

2.5.3 Umsetzung

In der Umsetzungsphase beginnt die eigentliche Implementierung der Arbeitgebermarke; sie wird am Arbeitsmarkt positioniert und beinhaltet die Integration aller Aktivitäten.[142] In dieser Phase muss die Arbeitgebermarke dauerhaft im Bewusstsein der aktuellen und potenziellen Mitarbeiter verankert werden. Dabei werden die Wertversprechen des Arbeitgebers intern und extern über alle wichtigen Kanäle verbreitet, um ein einheitliches Markenbild zu schaffen.[143] Bei der

---

[137] Vgl. Stotz (2009), S. 92.
[138] Vgl. Jepp (2014), S. 60.
[139] Vgl. Bößenecker (2014), S. 9.
[140] Vgl. Buckesfeld (2012), S. 41f.
[141] Vgl. Herten (2015), S. 21.
[142] Vgl. Berg (2014), S. 75.
[143] Vgl. Immerschitt/Stumpf (2014), S. 49.

Umsetzung ist darauf zu achten, dass die Botschaften nach innen und außen glaubwürdig und realisierbar kommuniziert werden. Interne Maßnahmen sollen die Identifikation der Mitarbeiter mit dem Arbeitgeber stärken und diese langfristig an das Unternehmen binden. Externe Maßnahmen hingegen haben das Ziel, das Arbeitgeberimage und damit die Fremdwahrnehmung zu stärken, wodurch die Gewinnung von neuen Mitarbeitern gefördert werden kann.[144]

2.5.4 Kontrolle

Der letzte Schritt im Employer-Branding-Prozess ist die Phase der Kontrolle; sie zielt darauf ab, die Effektivität und die Effizienz der Arbeitgebermarke festzustellen. Diese Erfolgsmessung erfolgt angesichts der dauerhaften Weiterentwicklung der Arbeitgebermarke kontinuierlich und kann stetig optimiert werden.[145] In dieser Phase ist eine gründliche Untersuchung der eingesetzten Maßnahmen erforderlich, um zu erfahren, ob die gesetzten Ziele zum gewünschten Erfolg geführt haben. Dies setzt ein ausführliches Controlling mit angemessenen Kennzahlen voraus, da Employer Branding einen Wertschöpfungsprozess darstellt.[146] Dadurch kann in der Kontrollphase bei Abweichungen von den vorgegebenen Zielen frühzeitig gegengesteuert werden. Das Controlling kann sich auf bereits existierende Informationen beziehen, wie beispielsweise auf Berichte von Mitarbeiterbefragungen oder Balanced-Scorecard-Systemen, um deutliche Kosten einzusparen. Die Mitarbeiterbefragung kann Auskunft darüber geben, wie hoch die Mitarbeiterzufriedenheit in Bezug auf getroffene Strategien der Arbeitgebermarke ist.[147]

---

[144] Vgl. Albesano (2016), S. 70.
[145] Vgl. Weber (2012), S. 24.
[146] Vgl. Latzel [u.a.] (2015), S. 32f.
[147] Vgl. Buckesfeld (2012), S. 56.

3 Theoretische Grundlagen zum Thema Generation Y

3.1 Begriffliche Abgrenzung

Martina Mangelsdorf, Autorin des Buches „30 Minuten Generation Y", umschreibt den Begriff *Generation* folgendermaßen:

> „Eine Generation ist definiert als die Gesamtheit der Menschen ungefähr gleicher Altersstufe mit ähnlicher sozialer Orientierung und Lebensauffassung. Die Werte und Eigenschaften einer Generation entstehen vor allem durch die Einflüsse, denen sie in ihren prägenden Jahren, im Alter zwischen 11 und 15, ausgesetzt war. In der heutigen Arbeitswelt begegnen wir vor allem drei Generationen: den Babyboomern, der Generation X und der Generation Y."[148]

Folgt man dieser Charakterisierung, so wird eine Generation insbesondere in der Kindheit und Jugend durch das gesellschaftliche Umfeld, in dem diese Menschen aufwachsen, geprägt.[149]

Der Begriff *Generation Y* wurde erstmalig in der US-amerikanischen Fachzeitschrift „Ad Age" im Jahr 1993 verwendet. In dem Artikel ging es um die Konsumvorlieben der Personen, die zwischen 1980 und 1995 geboren sind.[150]

In der deutschsprachigen Literatur werden verschiedene Bezeichnungen und unterschiedliche Zeitspannen der Generation Y genannt. Bei einigen Autoren reicht die Spanne bezüglich der zeitlichen Ausdehnung von Anfang der 1980er Jahre bis hin zur Jahrtausendwende.[151] Kerstin Bund sieht die Generation Y in ihrem Buch „Glück schlägt Geld. Generation Y: Was wir wirklich wollen" als die in den 1980er Jahren bis Mitte der 1990er Jahre Geborenen an.[152] In der vorliegenden Arbeit wird diese Bestimmung des zeitlichen Rahmens übernommen und entsprechend der Begriff *Generation Y* auf diejenigen bezogen, die zwischen 1980 und 1995 geboren sind.

Angehörige der Generation Y werden gelegentlich auch als *Digital Natives* oder *Net Generation* bezeichnet. Damit soll auf den Umstand hingewiesen werden, dass die

---

[148] Quelle: Mangelsdorf (2014) S. 24.
[149] Vgl. Mangelsdorf (2014), S. 23f.
[150] Vgl. Purgal (2014), S. 11.
[151] Vgl. Ruthus (2014), S. 8f.
[152] Vgl. Bund (2014), S. 12.

Personen der Generation Y in eine digitalisierte Welt hineingeboren wurden und das Internet einen großen Einfluss auf sie hat.[153] Im englischsprachigen Raum wird die Generation Y als *Millennials* bezeichnet, weil viele Menschen dieser Generation mit der Jahrtausendwende angefangen haben, in der Berufswelt Fuß zu fassen und bereits über erste berufliche Erfahrungen verfügen. Zudem gilt, dass bei der Wahl der Bezeichnung *Generation Y* eine Orientierung an der vorherigen *Generation X* erfolgte, von der im folgenden Abschnitt die Rede sein wird.[154]

Schließlich verhält es sich so, dass der Buchstabe Ypsilon im Englischen wie „why" (warum) ausgesprochen wird. Mit der Wahl der Bezeichnung *Generation Why* soll somit hervorgehoben werden, dass Angehörige dieser Generation die bislang fraglos anerkannten Wertvorstellungen hinterfragt und nicht anstandslos übernimmt. Sie sind nicht bereit, tradierte Vorstellungen, Praktiken und Werturteile einfach zu akzeptieren. Zudem haben sie ein ausgeprägtes Bedürfnis, sich selbst zu verwirklichen.[155]

3.2 Generationen im Überblick

Auf dem deutschen Arbeitsmarkt sind gegenwärtig drei Generationen aktiv, die verschiedene Verhaltensweisen aufweisen und unterschiedliche und Wertvorstellungen haben. Dies führt aus Sicht des Personalmanagements zu unterschiedlichen Herausforderungen in der Ansprache und im Umgang mit den Vertretern dieser Generationen in Unternehmen.[156]

Abbildung 7 gibt einen Überblick über die Generationen, die derzeit den deutschen Arbeitsmarkt prägen:

---

[153] Vgl. Rodeck (2014), S. 13.
[154] Vgl. Dahlmanns (2014), S. 16f.
[155] Vgl. Allihn (2013), S. 17.
[156] Vgl. Jopp (2014), S. 7.

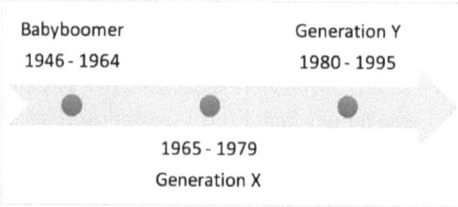

Abbildung 7: Generationen im Überblick[157]

Ebenso wie für die *Generation Y* gibt es weder für die *Generation Babyboomer* noch für die *Generation X* in der Forschungsliteratur verbindliche Definitionen oder allgemein anerkannte zeitliche Einordnungen. Allerdings lassen sich ohne genaue Abgrenzung gewisse Ähnlichkeiten in Werten und Eigenschaften zwischen den Angehörigen der jeweiligen Generationen feststellen.[158]

Im Folgenden werden die charakteristischen Merkmale der Generation Babyboomer und der Generation X etwas näher erläutert, um im sich anschließenden Abschnitt die Charakterzüge der Generation Y deutlicher profilieren zu können.

3.2.1 Generation Babyboomer

Angehörige der Generation Babyboomer, die auch als *geburtenstarke Jahrgänge* der Nachkriegsgeneration von 1946 bis 1964 bezeichnet wird, bereiten sich gegenwärtig auf den Eintritt in den Ruhestand vor.[159]

Die Bezeichnung *Babyboomer* ist auf den starken Anstieg der Geburtenrate nach dem Zweiten Weltkrieg zurückzuführen, der mit der Einführung der Antibabypille beendet wurde. Eine andere Bezeichnung für diese Generation ist *Krisenkinder*, da die Menschen dieser Generation wirtschaftliche Krisen, wie beispielsweise die Ölkrise, miterlebten.[160] Geprägt wurden sie besonders durch die Nachkriegszeit und das so genannte Wirtschaftswunder. Babyboomer sind in der Nachkriegszeit aufgewachsen und haben existenzielle Nöte erlebt, weil zu dieser Zeit in den meisten Konsumgüterbranchen Warenknappheit herrschte. Angehörige dieser Generation nehmen daher harte Arbeit als Grundlage für Belohnungen wahr.[161] Mit dem

---

[157] Quelle: Eigene Darstellung in Anlehnung an: Mangelsdorf (2014), S. 11.
[158] Vgl. Holste (2012), S. 17.
[159] Vgl. Pfeil (2016), S. 65.
[160] Vgl. Ruthus (2014), S. 7f.
[161] Vgl. Fellinger [u.a.] (2015), S. 55.

Wirtschaftswunder in den 1950er Jahren erlebte die deutsche Wirtschaft eine Hochkonjunktur. Dadurch wurde eine verbesserte wirtschaftliche Voraussetzung für die Babyboomer geschaffen. Die Stimmung in der Gesellschaft verbesserte sich ständig und Unternehmer wurden zum Kauf von Investitionsgütern, wie beispielsweise Maschinen und Bürogebäuden, angeregt.[162]

Zudem wuchs die Generation der Babyboomer größtenteils mit der klassischen Rollenverteilung zwischen Mann und Frau auf, wobei sich die Mutter um den Haushalt kümmerte und der Vater das Geld verdiente.[163]

Bedingt durch die geburtenstarken Jahrgänge der Generation Babyboomer wuchsen deren Angehörige in einer Konkurrenzsituation auf und lernten frühzeitig, sich im Wettbewerb durchzusetzen. Sie mussten den Arbeitgeber von sich überzeugen und nahmen dafür lange Arbeitszeiten in Kauf, um eine Karrierechance zu haben. Die Vertreter der Babyboomer erwarten Belohnung durch materielle Anreize, und das Feedback des Arbeitgebers empfinden sie als eher unangenehm.[164] Die Babyboomer sind die älteste Generation am Arbeitsmarkt und stehen öfters weiter oben in der Hierarchieebene des Unternehmens. In der Arbeitswelt werden sie als leistungsorientierte Arbeitnehmer mit einem hohen Pflichtbewusstsein wahrgenommen. Dagegen werden Innovationen eher kritisch betrachtet.[165] Sie werden am Arbeitsplatz als kollegial sowie hilfsbereit eingestuft und bevorzugen eine autoritäre Führung. Zudem sind sie gegenüber dem Arbeitgeber loyal und stellen das Privatleben zugunsten der Arbeit zurück.[166] Darüber hinaus zeichnen sie sich durch eine hohe Sozialkompetenz sowie ein ausgeprägtes Selbstbewusstsein aus und streben nach Gerechtigkeit.[167]

3.2.2 Generation X

Die Generation X, zwischen 1965 und 1979 geboren, ist die Nachfolgegeneration der Babyboomer. Die Bezeichnung *Generation X* hat ihren Ursprung in dem Episodenroman „Generation X – Geschichten für eine immer schneller werdende Kultur",

---

[162] Vgl. Parment (2013), S. 8.
[163] Vgl. Rodeck (2014), S. 16.
[164] Vgl. Einramhof-Florian (2017), S. 54.
[165] Vgl. Krause (2017), S. 13f.
[166] Vgl. Biernoth (2016), S. 16.
[167] Vgl. Holste (2012), S. 19.

der im Jahr 1991 von Douglas Coupland verfasst wurde. Der kanadische Schriftsteller kritisiert in seinem Roman die Wohlstandsituation der Vorgängergeneration.[168] Eine weitere Bezeichnung für diese Generation ist die *Generation Golf*. Diese Etikettierung entstammt dem Titel des gleichnamigen Bestsellerromans von Florian Illies, der zur Jahrtausendwende erschien. In diesem Roman beschreibt der Autor das Lebensgefühl seiner Generation und bemängelt das fehlende Interesse an der Politik.[169] Die Generation X wuchs in Zeiten der wirtschaftlichen Krise auf; somit wurde ihren Angehörigen der Einstieg in die Berufswelt erschwert. Dies führte zu ersten Verunsicherungen auf dem Arbeitsmarkt und es machte sich eine negative Stimmung in der deutschen Gesellschaft bemerkbar. Menschen der Generation X haben die Gefahr der Arbeitslosigkeit kennengelernt und es wurde ihnen klar, dass der Wohlstand ihrer Elterngeneration nicht mehr erreichbar war.[170] Darüber hinaus wurde diese Generation durch die wachsende Anzahl von Fernsehkanälen und die Erfindung des Personal-Computers geprägt.[171]

Familiensoziologisch betrachtet, wurden immer mehr Mütter beruflich aktiv und Kindererziehung war keine reine Frauensache mehr. Infolgedessen gab es durch die steigende Scheidungsrate immer mehr alleinerziehende Eltern.[172]

Die Generation X befindet sich derzeit im mittleren Erwerbsalter. Die Vertreter dieser Generation nutzen Jobwechsel gezielt für Karrieresprünge. Daher gelten Wohlstand, Sicherheit und Karriere als bedeutende Faktoren.[173] Darüber hinaus hat eine ausgewogene Balance zwischen Arbeit und Familie einen hohen Stellenwert im Leben der Menschen dieser Generation, welche beispielsweise durch flexible Arbeitszeiten erreicht werden kann.[174] Die Generation X lehnt eine autoritäre Führung ab und ist, ebenso wie die Generation Babyboomer, ihrem Arbeitgeber treu. Sie zeichnen sich durch eine selbstbewusste Haltung gegenüber Vorgesetzten aus und sind an Feedback von Seiten des Arbeitgebers interessiert. [175] Außerdem gehören zu

---

[168] Vgl. Parment (2013), S. 7.
[169] Vgl. Krause (2017), S. 14.
[170] Vgl. Einramhof-Florian (2017) S. 55.
[171] Vgl. Mangelsdorf (2014), S. 19.
[172] Vgl. Rodeck (2014), S. 17.
[173] Vgl. Ruthus (2014), S. 8.
[174] Vgl. Einramhof-Florian (2017), S. 55.
[175] Vgl. Biernoth (2016), S. 16.

den zentralen Eigenschaften der Generation X Gleichberechtigung, Selbstbewusstsein, Durchhaltevermögen und Umweltbewusstsein.[176]

3.3 Charakterisierung der Generation Y

Die Generation Y hat die Nachfolge der Generation X angetreten. Sie umfasst die Jahrgänge von 1980 bis 1995. In der Literatur finden sich, wie bereits angedeutet, weitere Bezeichnungen für diese Generation, nämlich *Digital Natives, Net Generation, Millennials* oder *Generation Why*.[177]

Insbesondere durch historische Ereignisse wie den Fall der Berliner Mauer (1989), die Terroranschläge auf das Word Trade Center (2001) und die Einführung des Euro (2002) wurde die Generation Y geprägt. Ferner erlebte sie aus wirtschaftlicher Sicht mehrere drastische Krisen, wie beispielsweise die US-Immobilienkrise (2007) und die daraus resultierende Finanz- und Weltwirtschaftskrise (seit 2007).[178]

Die Generation Y wurde von Seiten der Eltern mit viel Wertschätzung und Anerkennung erzogen und ist somit durch eine hohe familiäre Bindung geprägt. Der Grund dafür ist, dass die Eltern dieser Generation in ihrer Kindheit wenig Zuneigung bekommen haben und entschlossen waren, ihre Kinder anders zu erziehen. Die Mitglieder der Generation Y lernten früh, ihre Meinung frei zu äußern und durften selbständige Entscheidungen treffen.[179] Außerdem sind die Kinder mit viel Selbstbewusstsein und Selbstvertrauen aufgewachsen und wurden von ihren Eltern in ihren Interessen besonders gefördert.[180] Eltern, die stets besorgt um das Wohl ihrer Kinder waren, wurden (und werden) *Helikopter-Eltern* bezeichnet. Vertreter der älteren Generationen sind überwiegend der Meinung, dass die heutigen Kinder deutlich verwöhnter sind als die damaligen Kinder.[181] Hinzu kommt, dass Angehörige der Generation Y in einer Gesellschaft mit vielen Wahlmöglichkeiten sozialisiert worden sind. Die Eltern unterstützen ihre Kinder und ermöglichen ihnen hochqualifizierte Ausbildungen. Sie können beispielsweise bei der Wahl des

---

[176] Vgl. Dahlmanns (2014), S. 16.
[177] Vgl. Rehm (2014), S. 15f.
[178] Vgl. Pfeil (2016), S. 69.
[179] Vgl. Mangelsdorf (2014), S. 20f.
[180] Vgl. Schulenburg (2016), S. 15.
[181] Vgl. Krause (2017), S. 19f.

Studiums deutschlandweit ca. zwischen 18.000 Bachelor- und Masterstudiengängen wählen. Durch die hohe Anzahl an Studiengängen in Deutschland ist eine Entwicklung zu einer Gesellschaft von Hochschulabsolventen zu beobachten.[182] Ein weiteres Beispiel ist das mediale Angebot, welches in den letzten Jahren immens zugenommen hat. Inzwischen ist nicht nur die Zahl der Fernsehkanäle deutlich gestiegen, sondern darüber hinaus werden Medien wie YouTube von den Angehörigen der Generation Y intensiv genutzt.[183]

Menschen der Generation Y sind grundsätzlich gegenüber Unternehmen weniger loyal als die Babyboomer und Generation X. Junge Mitarbeiter der Generation Y wollen sich überwiegend nicht mehr lange an den Arbeitgeber binden und bevorzugen einen schnellen Jobwechsel.[184] Gründe dafür sind zu einem, dass die derzeitige Stelle nicht mehr interessant genug erscheint, zum anderen wollen die Arbeitnehmer vielfältige Berufserfahrungen sammeln, um ihre Karrierechancen zu optimieren.[185] In der Vergangenheit wurden Jobwechsel oftmals negativ angesehen und waren in der Regel vom Arbeitgeber nicht erwünscht. Heute dagegen werden Erfahrungen aus verschiedenen Branchen von Unternehmen gewünscht und sogar eingefordert. Außerdem verstehen die jungen Arbeitskräfte der Generation Y unter Loyalität gegenüber dem Unternehmen etwas anderes als die vorangegangenen Generationen. Für diese Generation ist die erbrachte Leistung für das Unternehmen wichtiger als die verbrachte Dauer bei einem Arbeitgeber.[186] Das Beratungsunternehmen PricewaterhouseCoopers International führte eine Umfrage mit 4.364 Teilnehmern in 75 Ländern zum Thema Loyalität gegenüber dem Arbeitgeber in Bezug auf die Generation Y durch. Das Ergebnis der Studie war, dass knapp ein Viertel der befragten potenziellen Arbeitnehmer davon ausgehen, für sechs oder mehr Unternehmen während ihrer Berufslaufbahn zu arbeiten.[187] Zudem werden Autoritäten von der Generation Y erst akzeptiert, wenn die Führungskräfte sich den Respekt erarbeiten und im Wandel der permanenten Arbeitsbedingungen sich ständig neu behaupten können. Außerdem betrachtet die Generation Y Arbeit

---

[182] Vgl. Ewinger [u.a.] (2016), S. 14.
[183] Vgl. Krause (2017), S. 20.
[184] Vgl. Immerschitt (2014), S. 8.
[185] Vgl. Mangelsdorf (2014), S. 22.
[186] Vgl. Krause (2017), S. 22f.
[187] Vgl. Purgal (2014), S. 27.

als eine Möglichkeit zur Selbstverwirklichung; entsprechend wird ihr ein hoher Stellenwert im Leben eingeräumt.[188]

Angehörigen der Generation Y werden auf der Persönlichkeitsebene Merkmale wie Ehrgeiz und Kreativität zugeschrieben; auf der Verhaltensebene gelten sie als sehr affin zu neuartigen Technologien.[189] Entsprechend werden sie auch als *Digital Natives* oder *Net Generation* bezeichnet. Es ist für sie selbstverständlich, über digitale Medien zu verfügen und ständig online zu sein. Die neuartigen Medien ermöglichen ihnen eine weltweite Vernetzung sowie die Kommunikation über soziale Netzwerke.[190] Die bedeutendste Erfahrung für die Generation Y war die Entwicklung des Internets. Das Internet wird von dieser Generation mit einer erstaunlichen Selbstverständlichkeit genutzt und stellt für sie die größte Informationsquelle der Welt dar. Neue Informationen werden im Internet aufgenommen und auf unterschiedlichen Plattformen geteilt. Angehörige der Generation Y setzen sich bereitwillig mit neuen Technologien auseinander und bevorzugen eine hohe Informationsgeschwindigkeit.[191] Zu ergänzen bleibt, dass auch der Konsumgedanke bei Menschen der Generation Y ausgeprägter ist als bei den Angehörigen vorheriger Generationen; zudem steht der sogenannte *E-Commerce* den Konsumenten dieser Generation zur Verfügung. Die Informationen der Produkte können im Internet beschafft werden und erleichtern die Entscheidungen beim Einkauf, da verschiedene Waren schnell und einfach miteinander verglichen werden können. Anschließend können die Konsumenten das Produkt im Internet bewerten und ihre Meinung mit der Öffentlichkeit teilen.[192]

3.4 Forderungen der Generation Y an die Arbeitswelt

Die Generation Y ist die jüngste Generation auf dem Arbeitsmarkt und stellt mit dem Eintritt in die Berufswelt das Personalmanagement der Unternehmen vor anspruchsvolle Herausforderungen. Angehörige dieser Generation absolvieren derzeit ihre Ausbildung oder ihr Studium, stehen vor dem Eintritt in die Berufswelt oder haben schon erste berufliche Erfahrungen sammeln können. Daher sind sie in

---

[188] Vgl. Pfeil (2016), S. 71.
[189] Vgl. Welk (2015), S. 2.
[190] Vgl. Ewinger [u.a.] (2016), S. 13f.
[191] Vgl. Allihn (2013), S. 21.
[192] Vgl. Rudholzer (2015), S. 5.

der Regel hervorragend ausgebildet und treten entsprechend selbstsicher auf.[193] In den nächsten Jahren wird die Generation Babyboomer in den Ruhestand treten und zahlreiche potenzielle Mitarbeiter aus der Generation Y werden sie ablösen. Immer mehr Unternehmen erkennen diesen Generationswechsel und akzeptieren, dass die Arbeitnehmer der Generation Y künftig eine bedeutende Rolle am Arbeitsmarkt einnehmen werden.[194] Im Jahr 2020 wird die Generation Y weltweit mehr als ein Drittel der berufstätigen Bevölkerung betragen. In Abbildung 8 wird der Anteil an Arbeitskräften weltweit nach Generationen im Jahr 2020 graphisch dargestellt:

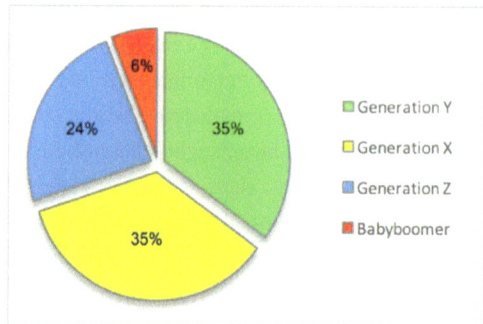

Abbildung 8: Anteil an Arbeitskräften weltweit nach Generationen im Jahr 2020[195]

Aufgrund des demografischen Wandels wird der Kampf um die besten Talente, auch *War for Talents* genannt, auf dem Personalmarkt eröffnet; er führt zu einem Wettbewerb zwischen den Unternehmen. Die Generation Y ist sich der Verknappung an jungen Nachwuchskräften am Arbeitsmarkt bewusst und hat demnach hohe Ansprüche und Forderungen an die potenziellen Arbeitgeber. Demnach sind die Unternehmen gefordert, sich mit den Vorstellungen und Bedürfnissen der jungen Arbeitnehmer zu befassen, um sie erfolgreich in das Unternehmen zu integrieren.[196]

Immer mehr junge Arbeitnehmer wünschen sich ein ausgewogenes Verhältnis zwischen Familie und Arbeit. Die Familie und das Privatleben haben einen hohen

---

[193] Vgl. Krause (2017), S. 15.
[194] Vgl. Parment (2013), S. 57.
[195] Quelle: Eigene Darstellung in Anlehnung an: Rathgeber (2017), S. 114.
[196] Vgl. Dietl [u.a.] (2013), S. 146f.

Stellenwert für Menschen der Generation Y; entsprechend fordern sie geeignete Work-Life-Balance-Maßnahmen vom Arbeitgeber. Solche Maßnahmen sind beispielsweise Telearbeit oder Jobsharing, die die Zufriedenheit der Mitarbeiter erhöhen und sie im optimalen Fall langfristig an das Unternehmen binden.[197] Durch die Telearbeit wird es dem Arbeitnehmer, aufgrund des technologischen Fortschritts, ermöglicht, von zuhause aus zu arbeiten. Von Telearbeit kann erst dann gesprochen werden, sobald ein Arbeitnehmer 20% seiner Arbeitszeit außerhalb des Unternehmens arbeitet.[198] Beim Jobsharing teilen sich zwei oder mehr Arbeitnehmer eine begrenzte Anzahl an Arbeitsplätzen. Diese Sonderform der Teilzeitarbeit ermöglicht es den Arbeitnehmern, ihren Arbeitsplan selbstständig auszuarbeiten und somit das Familienleben besser zu organisieren.[199]

Eine weitere Forderung der Generation Y ist die Schaffung eines kollegialen Arbeitsumfeldes, in dem sich die jungen Arbeitskräfte in ihrem Unternehmen wohlfühlen können. Hierzu gehören beispielsweise ein freundschaftlicher Umgang und intensiver Austausch untereinander. Durch das positive Arbeitsklima wird der Zusammenhalt der Arbeitnehmer gestärkt und im optimalen Fall die Arbeitsqualität im Unternehmen verbessert.[200]

Darüber hinaus erwarten Mitarbeiter der Generation Y ein regelmäßiges Feedback vom Arbeitgeber. Sie wünschen sich ständige Anerkennung für die erledigten Aufgaben; die jährlichen Mitarbeitergespräche reichen für sie nicht mehr aus.[201] Die Angehörigen der Generation Y wollen eine schnelle und direkte Rückmeldung vom Arbeitgeber, um die eigene Leistung besser bewerten zu können und aus ihren Fehlern zu lernen. Regelmäßiges Feedback von Seiten des Arbeitgebers kann die Motivation der Mitarbeiter steigern und die Verbundenheit zwischen Arbeitnehmer und Arbeitgeber stärken.[202]

Im Jahr 2009 führte die Kienbaum Management Consultants GmbH eine Umfrage mit 189 Teilnehmern der Generation Y durch. Die Teilnehmer wurden per Onlinefragetool zu den Erwartungen an den potenziellen Arbeitgeber befragt. Auf

---

[197] Vgl. Rudholzer (2015), S. 34f.
[198] Vgl. Michalk/Nieder (2007), S. 100f.
[199] Vgl. Wanger (2006), S. 14.
[200] Vgl. Krause (2017), S. 37.
[201] Vgl. Rudholzer (2015), S. 7f.
[202] Vgl. Mangelsdorf (2014), S. 53.

Platz eins mit 64% stehen herausfordernde Tätigkeiten.[203] Durch anspruchsvolle Tätigkeiten können sich die Mitarbeiter selbst verwirklichen und einen entscheidenden Beitrag zur Erreichung der Unternehmensziele leisten. Leichte Aufgaben werden dagegen von Angehörigen der Generation Y kritisch gesehen und nicht akzeptiert. Darüber hinaus sollten die Tätigkeiten aus Perspektive der Generation Y abwechslungsreich sein, weil sich die Mitarbeiter ansonsten unterfordert fühlen und gegebenenfalls den Arbeitgeber wechseln.[204]

Natürlich können Unternehmen nicht allen Ansprüchen der Generation Y gleichermaßen gerecht werden. Allerdings kann die Zusammenarbeit zwischen Arbeitnehmern und Arbeitgebern erleichtert werden, wenn die Vorstellungen und Erwartungen beider Seiten prinzipiell klar und unmissverständlich kommuniziert werden.[205]

---

[203] Vgl. http://www.kienbauminstitutism.de/fileadmin/user_data/veroeffentlichungen/Kienbaum_Studie_Generation_Y_2009_2010.pdf (Stand: 23.11.2017, 16:54 Uhr)
[204] Vgl. Krause (2017), S. 38f.
[205] Vgl. Mangelsdorf (2014), S. 57.

4 Empirische Erhebung

4.1 Methodik

Die Befragung in der vorliegenden Arbeit verfolgte das Ziel, den Einfluss der Generation Y auf das Employer Branding zu erfassen. Die Zielgruppe der Befragung beschränkt sich somit auf berufstätige Personen der Jahrgänge 1980 bis 1995. Für die Teilnahme an der Befragung gab es keine weiteren Voraussetzungen. Es konnten Personen aller Branchen und Studienrichtungen an der Befragung teilnehmen.

Die Datengewinnung wurde hauptsächlich auf Facebook, WhatsApp, XING und an der Northern Business School in Hamburg durchgeführt. Der Zeitraum der Befragung betrug vier Wochen (25.10.2017 – 22.11.2017). Der Fragebogen beinhaltete 16 Fragen mit fünf Angaben zur Person und einer sogenannten *Eisbrecherfrage*, welche die Teilnehmer in das Thema einleiten sollte. Die benötigte Zeit zum Ausfüllen des Fragebogens betrug ca. fünf Minuten.

Bei der Marktforschung wird zwischen Primär- und Sekundärdaten unterschieden.

Die Sekundärforschung, auch *desk research* genannt, bezeichnet die Beschaffung von bereits vorhandenen Informationen. Bei dieser Erhebungsart unterscheidet man zwischen unternehmensinternen- und externen Informationsquellen. Als unternehmensinterne Quellen stehen beispielsweise Lager- und Kundenstatistiken oder Verkaufsberichte vom Kundendienst zur Verfügung. Externe Informationsquellen hingegen sind beispielsweise amtliche Statistiken oder Geschäftsberichte von fremden Unternehmen.[206]

In der vorliegenden Arbeit wurden Primärdaten erhoben. Dieses Verfahren wird auch als *field research* bezeichnet. Die Primärforschung ist eine Methode in der Marktforschung und bezeichnet die erstmalige Gewinnung von Daten für ein anstehendes Untersuchungsobjekt.[207] Der Vorteil dieser Erhebungsart ist, dass die gewonnenen Daten aktuell sind und gut zu einer konkreten Fragestellung im Unternehmen passen. Nachteilig ist, dass die Durchführung der Primärforschung sehr zeitaufwändig und mit hohen Kosten verbunden ist, welche für gewöhnlich mit Hilfe von externen Unternehmen ermöglicht wird.[208] In der Primärforschung wird

---

[206] Vgl. Kreutzer (2013), S. 74f.
[207] Vgl. Bormann/Hurth (2014), S. 243.
[208] Vgl. Kreis/Kuß/Wildner (2014), S. 36f.

zwischen Befragung, Beobachtung, Experiment und Panelforschung unterschieden. Die Befragung gilt in der empirischen Sozialforschung als eines der häufig verwendeten Instrumente zur Datenerhebung. Dabei kann die Befragung persönlich, schriftlich, telefonisch oder elektronisch erfolgen.[209]

Die vorliegende empirische Erhebung wurde in Form eines standardisierten Fragebogens durchgeführt. Sie besteht aus zwei Teilen: einer schriftlichen Befragung und einer Online-Befragung. An der schriftlichen Befragung beteiligten sich 56 Personen, während bei der Online-Befragung 144 Personen mitwirkten. Innerhalb des vierwöchigen Befragungszeitraumes wurden somit insgesamt 200 Personen nach ihrer Einschätzung des Employer Brandings befragt.

Da die Zielgruppe bei der empirischen Erhebung die Generation Y darstellt, wurde neben einer schriftlichen auch eine elektronische Befragung durchgeführt, weil die Angehörigen der Generation Y ständig online und auf diesem Weg am einfachsten zu erreichen sind. Die Online-Befragung erfolgte über das Portal www.umfrageonline.com und wurde auf sozialen Netzwerken wie Facebook, WhatsApp sowie XING an Freunde, Verwandte, Bekannte und Arbeitskollegen geschickt. Die Befragung begann mit einem Willkommenstext, der die notwendigen Informationen zur Umfrage klären und somit das Interesse der Teilnehmer wecken sollte. Der Umfragelink wurde nach Ende des Befragungszeitraums offline gesetzt; die Teilnahme an der Befragung war anonym. Die Befragung wurde so konzipiert, dass eine Mehrfachteilnahme nicht möglich war.

Eine Online-Umfrage hat sowohl Vor- als auch Nachteile. Ein wesentlicher Vorteil der Online-Befragung ist, dass sie kostengünstig und zeitsparend durchgeführt werden kann. Zudem kann die Auswertung des beantworteten Fragebogens durch Programme vereinfacht werden. Nachteile können sich allerdings bei einer fehlenden Kontrollmöglichkeit der Teilnehmer oder bei technischen Problemen ergeben.[210]

Die schriftliche Befragung wurde an Kommilitonen und Kommilitoninnen der Northern Business School in Hamburg verteilt. Anschließend wurde der ausgefüllte Fragebogen wieder eingesammelt.

---

[209] Vgl. Kromrey/Roose/Strübing (2016), S. 335f.
[210] Vgl. Steinmetz/Weis (2008), S. 131f.

Der Vorteil schriftlicher Befragungen ist, dass sie einen relativ geringen Kostenaufwand mit sich bringen und dass zudem die Anonymität der Befragten sichergestellt werden kann. Nachteilig ist, dass die Teilnehmer durch Dritte beeinflusst werden und komplizierte Sachverhalte nicht erfragt werden können.[211]

Bei der Erstellung des Fragebogens wurde darauf geachtet, dass die Fragen eindeutig und verständlich formuliert sind. Es wurden hauptsächlich geschlossene Fragen gewählt, bei denen die Antwortmöglichkeiten vorgegeben sind.

Der wesentliche Vorteil geschlossener Fragen ist, dass sie von den Teilnehmern schnell und bequem beantwortet werden können. Zudem erleichtert die Verwendung geschlossener Fragen die Analyse des Fragebogens.[212]

Nach Abschluss der Umfrage wurden die Ergebnisse der schriftlichen und elektronischen Befragung zusammengeführt. Mit Hilfe von Excel-Tabellen wurden entsprechende Grafiken für die Ergebnisdarstellung erstellt, die im nächsten Abschnitt dargestellt und veranschaulicht werden.

4.2 Auswertung des Fragebogens

1. Ist Ihnen die Wahl des zu Ihnen passenden Arbeitgebers wichtig?

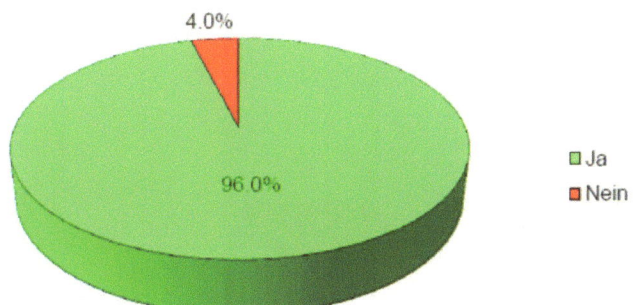

Das vorliegende Kreisdiagramm zeigt, auf welche Weise die Befragten die erste sogenannte *Eisbrecherfrage* beantworteten, mit der die Teilnehmer an das Thema herangeführt werden sollten. Wie die Grafik zeigt, empfinden 96,0 % der Befragten die Wahl des passenden Arbeitgebers für wichtig; 4,0 % dagegen nicht als wichtig.

---

[211] Vgl. Biernoth (2016), S. 61.
[212] Vgl. Bortz/Döring (2006), S. 254.

2. Wie zufrieden sind Sie mit Ihrem aktuellen Arbeitsplatz?

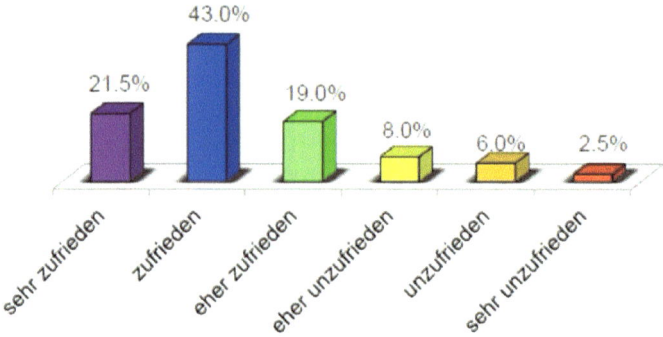

Dem Säulendiagramm ist zu entnehmen, dass 43,0 % der Befragten mit ihrem aktuellen Arbeitsplatz zufrieden sind, während 21,5 % sagen, dass sie „sehr zufrieden" sind. Lediglich 2,5 % der Befragten geben zu erkennen, dass sie mit dem aktuellen Arbeitsplatz „sehr unzufrieden" sind.

3. Halten Sie persönlich das Thema „Employer Branding" (Arbeitgebermarkenbildung) für wichtig?

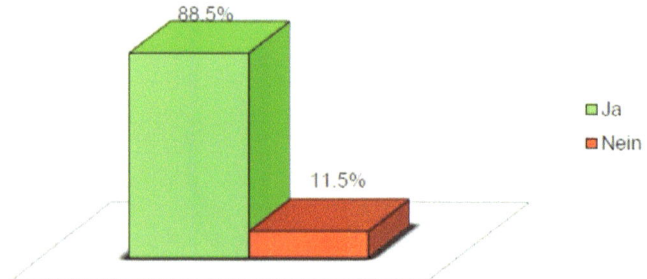

Das Säulendiagramm zeigt, dass 88,5 % der Befragten das Thema Employer Branding als wichtig erachten, während 11,5 % ihm keine Bedeutung beimessen.

4. Stimmen Sie der folgenden Aussage zu?

„Ich bin bereit, mehr Zeit für das Privatleben gegen weniger Arbeitsstunden und weniger Gehalt einzutauschen."

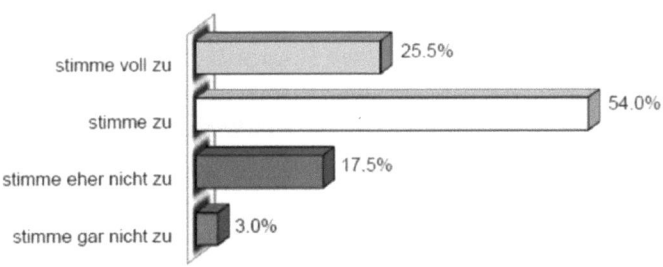

Aus dem Balkendiagramm geht hervor, dass 25,5 % der Aussage „voll zustimmen", während 54,0 % sich zustimmend äußern. Dagegen stimmen 17,5 % eher nicht zu und 3,0 % der Befragten stimmen der Aussage gar nicht zu.

5. Bewerten Sie folgende Aussagen:

	trifft voll zu	trifft zu	trifft eher nicht zu	trifft gar nicht zu
„Wenn jemand mein Unternehmen bezüglich der Arbeitgeberleistung kritisiert, verteidige ich es."	15,0 %	55,0 %	24,0 %	6,0 %
„Bei der Auswahl des Unternehmens ist mir wichtig, dass die Vereinbarkeit von Beruf und Familie gefördert wird."	49,0	42,5 %	6,5%	2,0 %
„Ich würde mein Unternehmen als hervorragenden Arbeitgeber an Freunde und Verwandte empfehlen."	23,5 %	53,0 %	19,5 %	4,0 %
„Imagefilme können die Glaubwürdigkeit des Unternehmens steigern."	28,5 %	43,5 %	17,0 %	11,0 %
„Es ist mir wichtig, dass mein Unternehmen umweltbewusst handelt und somit ein positives Ansehen in der Öffentlichkeit genießt."	24,0 %	51,0 %	18,5 %	6,5 %
„Employer Branding führt dazu, dass Mitarbeiter sich vollkommen mit dem Unternehmen identifizieren können."	29,0 %	58,0 %	10,0 %	3,0 %

Im Folgenden werden die wichtigsten Aussagen, die der Tabelle zu entnehmen sind, resümiert. Bei der ersten Aussage stimmen 55,0 % der Befragten zu, dass sie ihr Unternehmen verteidigen würden, falls es bezüglich der Arbeitgeberleistung kritisiert wird. Der zweiten Aussage „Bei der Auswahl des Unternehmens ist mir wichtig, dass die Vereinbarkeit von Beruf und Familie gefördert wird" stimmen 49,0 % voll zu. Den Antworten zur dritten Aussage ist zu entnehmen, dass knapp mehr als die Hälfte der Befragten (53,0 %) zustimmen, dass sie ihr Unternehmen als hervorragenden Arbeitgeber an Freunde und Verwandte empfehlen würden. Bei der vierten Aussage stimmen 43,5 % zu, dass Imagefilme die Glaubwürdigkeit des Unternehmens steigern können. Der fünften Aussage „Es ist mir wichtig, dass mein Unternehmen umweltbewusst handelt und somit ein positives Ansehen in der Öffentlichkeit genießt" stimmen 51,0 % zu. Bei der letzten Aussage, dass durch das Employer Branding die Mitarbeiter sich vollkommen mit dem Unternehmen identifizieren können, stimmen 58,0 % der Befragten zu.

6. Wie wichtig sind Ihnen folgende monetäre (finanzielle) Anreize Ihres zukünftigen Arbeitgebers?

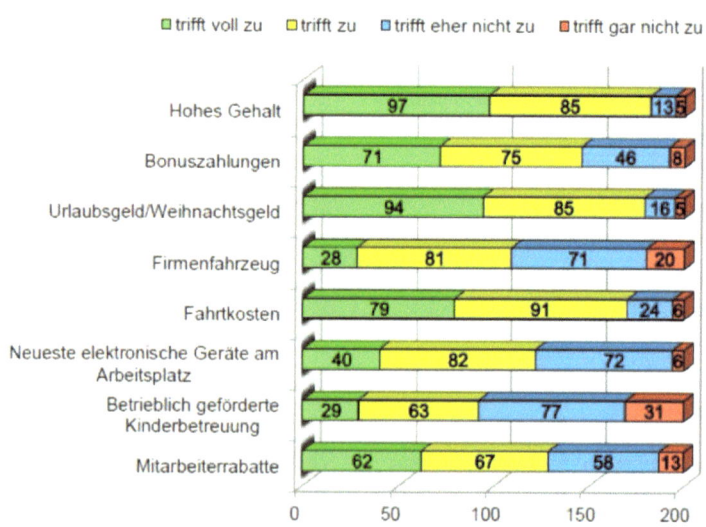

Die wichtigsten Informationen, die das Balkendiagramm enthält, werden nun kurz zusammengefasst. Von den Befragten stimmen 97 Personen voll zu, dass ein hohes Gehalt beim zukünftigen Arbeitgeber wichtig ist. Dagegen stimmen 75 Personen der Feststellung zu, dass Bonuszahlungen wichtig sind, während 94 Personen der

Aussage voll zustimmen, dass das Urlaubsgeld/Weihnachtsgeld wichtig ist. Andererseits stimmen 81 Personen zu, dass ein Firmenfahrzeug wichtig ist. Von den Befragten stimmen 91 Personen zu, dass die Fahrtkosten, wie z. B. in Form einer HVV-Card, wichtig sind und 82 Personen stimmen zu, dass die neuesten elektronischen Geräte am Arbeitsplatz, beispielsweise Handy und Laptop, beim zukünftigen Arbeitgeber wichtig sind. Der These, dass betrieblich geförderte Kinderbetreuung wichtig sind, stimmen 77 Personen eher nicht zu. Schließlich stimmen 67 Personen der Aussage zu, dass Mitarbeiterrabatte beim zukünftigen Arbeitgeber wichtig sind.

7. Wie wichtig sind Ihnen folgende nicht-monetäre (nicht-finanzielle) Anreize Ihres zukünftigen Arbeitgebers?

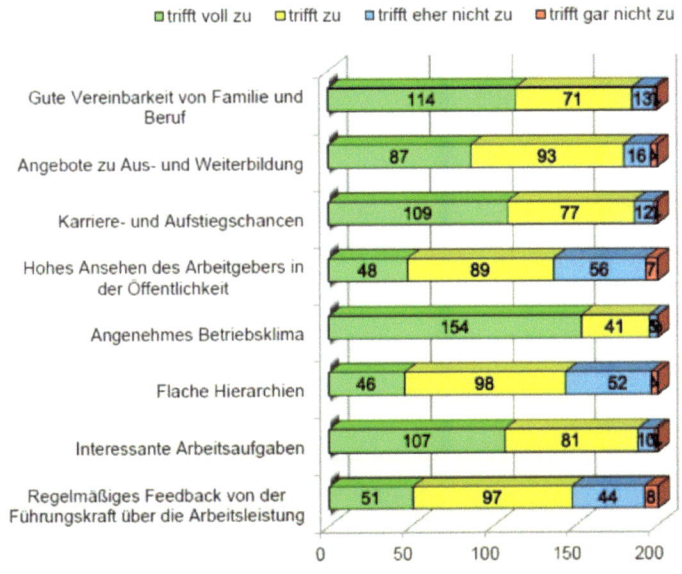

Aus dem Balkendiagramm ist Folgendes zu ersehen: Von den Befragten stimmen 114 Personen der Feststellung voll zu, dass eine gute Vereinbarkeit von Familie und Beruf, beispielsweise durch Teilzeit und Home-Office, beim zukünftigen Arbeitgeber wichtig ist. Dagegen stimmen 93 Personen zu, dass Angebote zu Aus- und Weiterbildungen wichtig sind, während 109 Personen der Aussage voll zustimmen, dass Karriere- und Aufstiegschancen wichtig sind. Andererseits stimmen 89 Personen zu, dass ein hohes Ansehen des Arbeitgebers in der Öffentlichkeit wichtig ist. Von den Befragten stimmen 154 Personen der Aussage voll zu, dass ein angenehmes Betriebsklima wichtig ist, und 98 Personen stimmen zu, dass flache Hierarchien beim zukünftigen Arbeitgeber wichtig sind. Der These, dass interessante Arbeitsaufgaben wichtig sind, stimmen 107 Personen voll zu. Schließlich stimmen 97 Personen der Aussage zu, dass ein regelmäßiges Feedback von der Führungskraft über die Arbeitsleistung beim zukünftigen Arbeitgeber wichtig ist.

8. Wie wichtig ist Ihnen eine gut organisierte Karriere-Website eines Arbeitgebers?

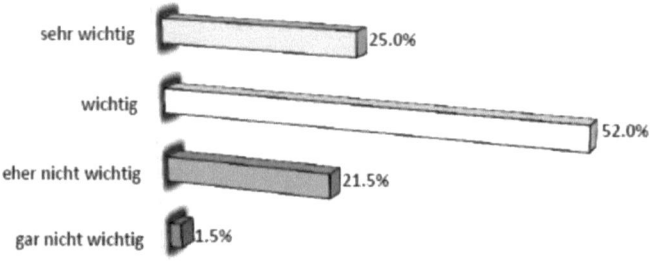

Dem Balkendiagramm ist zu entnehmen, dass 25,0% eine gut organisierte Karriere-Website eines Arbeitgebers sehr wichtig und 52,0 % wichtig finden. Dagegen finden 21,5 % aller Befragten eine gut organisierte Karriere-Website eines Arbeitgebers eher nicht wichtig und lediglich 1,5 % gar nicht wichtig.

9. Wie wichtig ist Ihnen ein interessanter und informativer Social-Media-Auftritt eines Arbeitgebers?

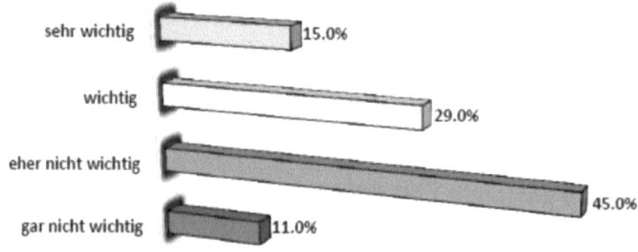

Das Balkendiagramm zeigt, dass 15,0 % der Befragten einen interessanten und informativen Social-Media-Auftritt eines Arbeitgebers sehr wichtig finden und 29,0 % wichtig finden. Dagegen finden 45,0 % aller Befragten einen interessanten und informativen Social-Media-Auftritt eines Arbeitgebers eher nicht wichtig und 11,0 % gar nicht wichtig.

10. Wo informieren Sie sich über einen potenziellen Arbeitgeber? (Mehrfachnennung möglich)

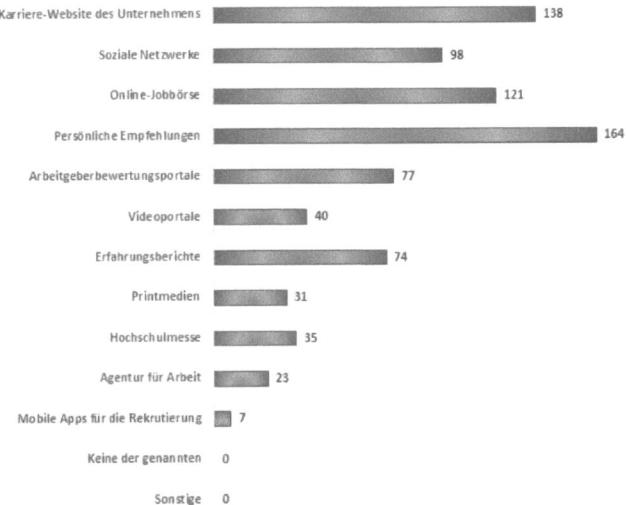

Aus dem Balkendiagramm geht hervor, dass sich 164 Personen über persönliche Empfehlungen, 138 Personen über die Karriere-Website des Unternehmens, 121 Personen über Online-Jobbörsen und 98 Personen über soziale Netzwerke über einen potenziellen Arbeitgeber informieren. Bei der Agentur für Arbeit informieren sich 23 Personen und lediglich 7 Personen informieren sich über mobile Apps über einen potenziellen Arbeitgeber.

11. Welchen Arbeitgeber verbinden Sie mit den folgenden Leitsprüchen?

„Der Job deines Lebens. Und die ganze Welt schaut zu."

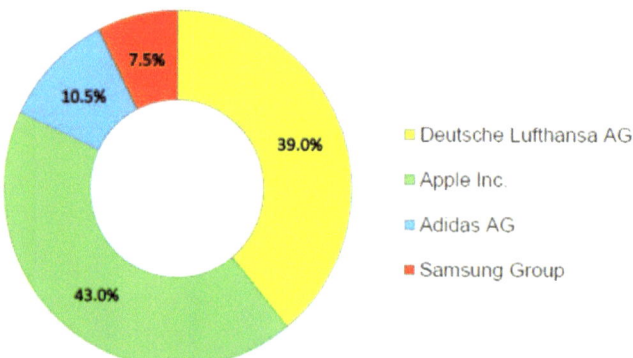

43,0 % der Befragten kannten die richtige Antwort: „Apple Inc.".

„engineering. tomorrow. together."

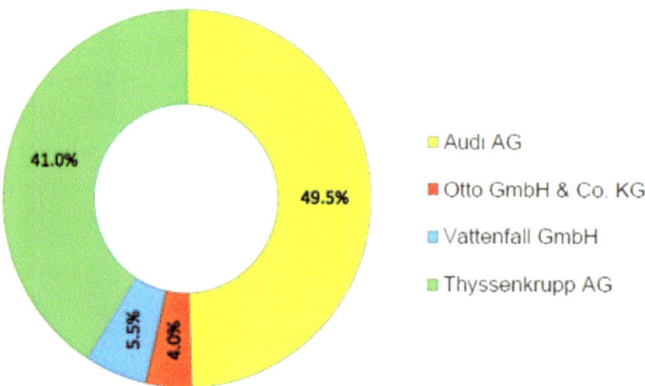

41,0 % der Befragten kannten die richtige Antwort: „Thyssenkrupp AG".

"Your Career starts with care."

Empirische Erhebung

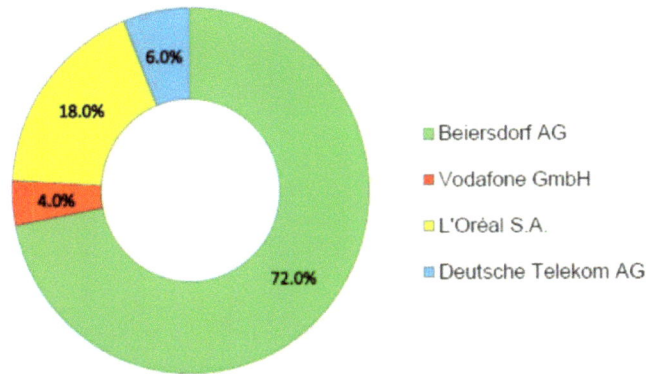

72,0 % der Befragten kannten die richtige Antwort: „Beiersdorf AG".

12. Sie sind:

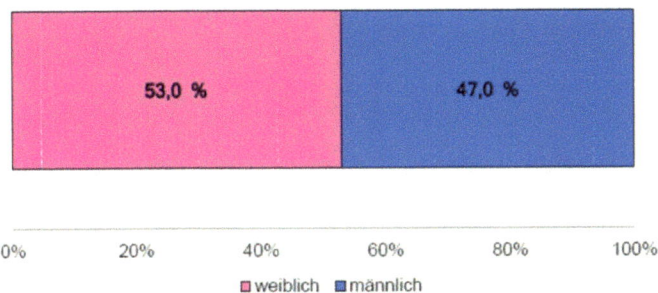

Das Schaubild gibt Auskunft über das Geschlecht der Befragten.

Von den Befragten sind 53,0 % weiblich und 47,0 % männlich.

13. In welchem Jahr sind Sie geboren?

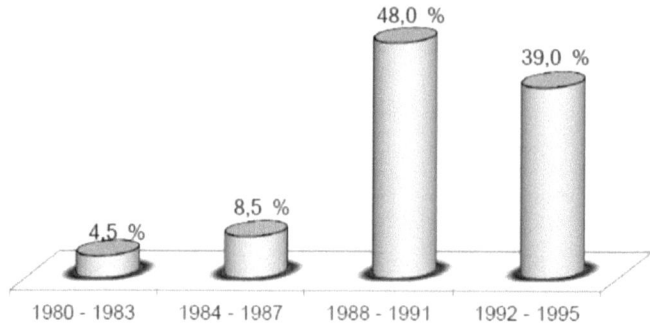

Dem Säulendiagramm ist zu entnehmen, dass der Großteil der Befragten zwischen 1988 und 1991 geboren ist (48,0 %). Es folgt der Jahrgang 1992 - 1995 mit 39 % und der Jahrgang 1984 - 1987 mit 8,5 %. Ein sehr geringer Teil der Befragten ist zwischen 1980 und 1983 geboren (4,5 %).

14. Ihr Berufsstand ist?

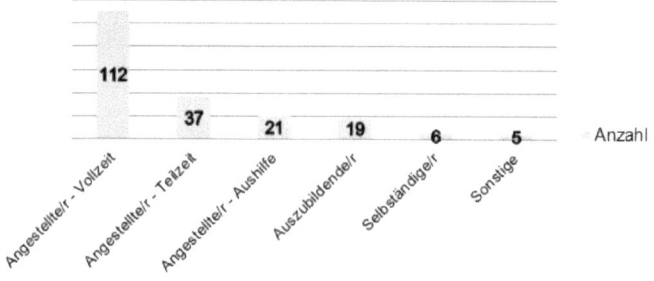

Die Grafik stellt den Berufsstand der Befragten dar.

Bei der Mehrheit der Befragten (112 Personen) handelt es sich um Angestellte in Vollzeit. Es folgen Angestellte in Teilzeit (37 Personen). Der Kategorie „Sonstige" gehören 5 Personen an, bei denen es sich um Praktikanten bzw. Praktikantinnen handelt.

15. Ihr höchster Schulabschluss ist?

Hauptschulabschluss	0 %
Realschulabschluss	8,5 %
Abitur/Hochschulreife	49,0 %
Hochschulabschluss	35,0 %
Berufsausbildung	7,5 %
Kein Abschluss	0 %
Sonstige	0 %

Die Grafik liefert Informationen über den höchsten Schulabschluss der Befragten.

Aus der Grafik geht hervor, dass die Mehrzahl der Befragten (49,0 %) über die Hochschulreife verfügt, wohingegen 35,0 % den Hochschulabschluss nachweisen können. Keiner der Befragten hat einen Hauptschulabschluss oder keinen Abschluss.

16. Wie hoch ist Ihr monatliches Nettoeinkommen?

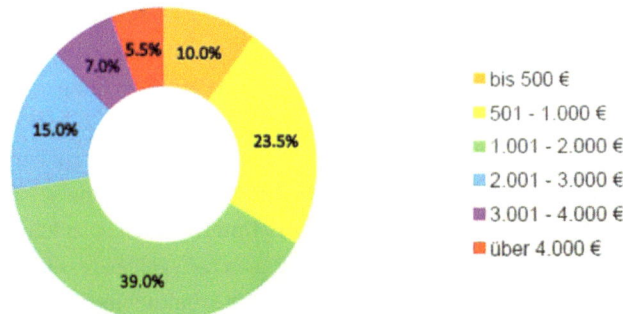

Das Kreisdiagramm zeigt das Nettoeinkommen der Befragten.

Der Anteil der Personen, die über ein monatliches Nettoeinkommen von 1.001 € bis zu 2.000 € verfügen, beträgt 39,0 %. Lediglich 7,0 % verdienen von 3.001 € bis zu 4.000 € und 5,5 % verdienen über 4.000 €.

4.3 Handlungsempfehlung

In den Ausführungen dieses Abschnitts soll es darum gehen, aus den gewonnenen Erkenntnissen der Untersuchung mögliche Lösungsansätze für Unternehmen abzuleiten. Diese Handlungsempfehlungen dienen als Orientierungshilfe auf dem

Weg zur Entwicklung und Etablierung einer erfolgreichen Arbeitgebermarke. Die Grundlage dieser Empfehlungen bildet eine Analyse der Antworten jener Mitarbeiter, die an der Befragung teilgenommen haben.

Zunächst ist anhand der Antworten auf die erst sogenannte *Eisbrecherfrage* zu erkennen, dass 96,0 % der Befragten die Wahl des passenden Arbeitgebers für wichtig halten, während lediglich 4,0 % ihr keine Bedeutung beimessen. Dieses Ergebnis zeigt, dass die Wahl des passenden Arbeitsgebers für eine deutliche Mehrheit der Arbeitnehmer eine sehr große Rolle spielt. Bewerber haben oftmals nur oberflächliche Informationen über Unternehmen und erkennen in der Regel die zwischen den Unternehmen bestehenden Unterschiede nicht. Vor diesem Hintergrund wird geraten, eine interessante Arbeitgebermarke zu entwickeln und somit die Ansprache von künftigen Arbeitnehmern zu erleichtern. Zu erwarten ist, dass sich fortan überwiegend die Kandidaten bewerben, die von ihren Wertvorstellungen her zum Unternehmen passen. Im optimalen Fall entsteht so eine „Win-Win-Situation" für alle Beteiligten: Die Mitarbeiter fühlen sich mit dem Arbeitgeber verbunden und arbeiten leistungsbereiter. Infolgedessen können die Unternehmen das Potenzial ihrer qualifizierten und motivierten Fachkräfte optimal nutzen.

Bei der Auswertung der Befragungsergebnisse zeigte sich, dass ein Großteil der Mitarbeiter mit dem aktuellen Arbeitsplatz zufrieden (43,0 %) bzw. sehr zufrieden (21,5 %) ist. Lediglich 2,5 % der Befragten sind mit ihrem derzeitigen Arbeitsplatz sehr unzufrieden. Die Unternehmen sollten das grundsätzliche Ziel haben, die Mitarbeiterzufriedenheit weiterhin hoch zu halten, um das qualifizierte Personal langfristig zu binden. Aufgrund des demografischen Wandels ist eine solche Bindung eine wichtige Grundvoraussetzung dafür, dass Unternehmen auch künftig wettbewerbsfähig bleiben. Daher wird den Unternehmen nahegelegt, regelmäßige Evaluierungen durchzuführen, um die Zufriedenheit der Arbeitnehmer über eine längere Zeitspanne hinweg festzustellen bzw. zu gewährleisten.

Ein weiteres Resultat der Befragung ist, dass die Mehrheit der Befragten bereit ist, mehr Zeit für das Privatleben gegen weniger Arbeitsstunden und weniger Gehalt einzutauschen. Der entsprechenden vorgegebenen Aussage stimmten 25,5 % „voll" zu, während 54,0 % Ihre Zustimmung bekundeten. Die jungen Arbeitnehmer haben den Wunsch, das Leben zu genießen und verzichten bewusst auf mehr Geld, da sie der Überzeugung sind, dass Geld alleine auf Dauer nicht glücklich macht. Die Handlungsempfehlung, die sich aus diesem Befund ableiten lässt, ist, den Arbeitnehmern flexible Arbeitszeiten zu gewähren. Wenn die Möglichkeit besteht, sollten die Mitarbeiter ihre tägliche Arbeitszeit (Beginn und Ende der Arbeitszeit, Pausen) selbst festlegen können, um genug Zeit für das Privatleben zu haben. Diese Maßnahme kann das Arbeitsklima positiv beeinflussen und die Fehlzeiten der Mitarbeiter reduzieren.

Der Aussage „Employer Branding führt dazu, dass Mitarbeiter sich vollkommen mit dem Unternehmen identifizieren können" stimmen 58,0 % zu. Dieser Befund wird durch die Tatsache bestätigt, dass 88,5 % der Befragten das Thema Employer Branding als wichtig erachten und von lediglich 4,0 % der Befragten als nicht relevant eingestuft wird. Die Generation Y strebt eine emotionale Bindung mit dem Arbeitgeber an, welche durch eine positive Arbeitgebermarke erreicht werden kann. Zu erwarten ist, dass Mitarbeiter, die sich mit dem Arbeitgeber identifizieren können, das Unternehmen nicht so bald verlassen werden. Hierdurch bleibt das Wissen der jungen Nachwuchskräfte dem Unternehmen erhalten und das Unternehmen genießt das positive Image eines attraktiven Arbeitgebers.

Knapp die Hälfte der Teilnehmer (49,0 %) stimmten der Aussage voll zu, dass ihnen bei der Wahl des Unternehmens die Förderung der Vereinbarkeit von Beruf und Familie wichtig ist. Dieses Umfrageergebnis macht deutlich, dass eine ausgeglichene Balance zwischen Berufs- und Privatleben im Rahmen des Employer Brandings maßgeblich dazu beitragen kann, als interessanter Arbeitgeber von der Generation Y wahrgenommen zu werden. Bei immer mehr jungen Arbeitnehmern bildet die Erwerbstätigkeit nicht mehr den Kernpunkt des Lebens; stattdessen rückt die Familienplanung zunehmend in den Vordergrund. Für die Personalpolitik der Unternehmen bedeutet dies, entsprechende Work-Life-Balance-Maßnahmen, wie beispielsweise Teilzeit oder Home-Office, anzubieten. Die Unternehmen sind gefordert, ihren Mitarbeitern eine möglichst stressfreie Bewältigung der beruflichen und privaten Verpflichtungen zu ermöglichen, um die Leistungsfähigkeit der Arbeitskräfte zu steigern.

Ferner stimmten 51,0 % der Befragten der folgenden Aussage zu: „Es ist mir wichtig, dass mein Unternehmen umweltbewusst handelt und somit ein positives Ansehen in der Öffentlichkeit genießt". Immer mehr junge Arbeitskräfte erwarten von ihrem Arbeitgeber, dass er freiwillig soziale Verantwortung übernimmt. Entsprechende Aktivitäten können positiv zur Arbeitgebermarke beitragen und führen auf Seiten der Arbeitnehmer zu einer stärkeren Identifikation mit dem Unternehmen. Die aus diesem Befund ableitbare Handlungsempfehlung ist eindeutig: Die Unternehmen müssen erkennen, dass das Thema Nachhaltigkeit den Angehörigen der Generation Y wichtig ist. Sie können sich beispielsweise an Projekten zum Schutz der Umwelt beteiligen, um ein positives Image in der Gesellschaft zu erhalten. Dies kann wiederum dazu beitragen, bei Angehörigen der Generation Y zum Wunscharbeitgeber aufzusteigen.

Der These, dass Imagefilme die Glaubwürdigkeit eines Unternehmens steigern können, stimmten 43,5 % der Teilnehmer zu. Imagefilme stellen eine Möglichkeit dar, neue Mitarbeiter für das Unternehmen zu begeistern. Die Bewerber erinnern sich eher an ein Imagevideo als an einen bebilderten Text. Filme können beispielsweise auf der Firmen-Homepage oder auf dem Videoportal YouTube veröffentlicht werden. Den Unternehmen ist zu empfehlen, dass ihre Versprechungen glaubhaft und authentisch kommuniziert werden, um dem Unternehmensimage nicht zu schaden. Imagefilme sollten nicht zu lang geraten, da die Aufmerksamkeit von Menschen der Generation Y schnell verloren geht.

Die Umfrageergebnisse zeigen, dass die Mehrheit der Teilnehmer bei monetären Anreizen des zukünftigen Arbeitgebers besonders auf das hohe Gehalt (97 Personen stimmen voll zu) und Urlaubsgeld/Weihnachtsgeld (94 Personen stimmen voll zu) achtet. Eine angemessene Vergütung zählt nach wie vor zu den Präferenzen der jungen Arbeitnehmer und spielt eine wichtige Rolle bei ihrer Wahl eines Arbeitgebers. Die Unternehmen sollten daher darauf achten, ihren potenziellen Arbeitnehmern eine angemessene Entlohnung in Aussicht zu stellen, um sich auf dem Arbeitsmarkt als attraktiver Arbeitgeber zu positionieren.

Als wichtigsten nicht-monetären Anreiz des zukünftigen Arbeitgebers empfinden die meisten Befragten ein angenehmes Betriebsklima (154 Personen stimmen voll zu). Ein positives Arbeitsklima hat für die Generation Y einen hohen Stellenwert; sie wollen sich beim Arbeitgeber wohlfühlen. Demnach sind die Unternehmen gefordert, für eine positive Unternehmenskultur zu sorgen, um den Zusammenhalt der Arbeitnehmer zu stärken. Ein angenehmes Betriebsklima führt zu einer effektiven Kommunikation im Unternehmen, was zu einer Verbesserung der Arbeitsqualität beitragen kann.

Darüber hinaus stimmen 97 Personen der Aussage zu, dass ein regelmäßiges Feedback von der Führungskraft über die Arbeitsleistung beim zukünftigen Arbeitgeber wichtig ist. Junge Nachwuchskräfte wollen häufig vom Arbeitgeber bewertet werden und nicht nur einmal jährlich bei einem Mitarbeitergespräch. Diese Entwicklung stellt die Vorgesetzten vor eine neue Herausforderung. Ein Ratschlag für die Führungskräfte ist dementsprechend, eine Feedback-Kultur im Unternehmen zu etablieren. Viele Angehörige der Generation Y erachten eine ehrliche und umfassende Rückmeldung über die Arbeitsleistung als Wertschätzung. Die Aufgabe der

Führungskraft ist es, einen Umgebung zu schaffen, in der sich die Arbeitskräfte regelmäßig austauschen können. Durch regelmäßiges Feedback der Führungskraft werden die Arbeitnehmer gegenüber ihrem Arbeitgeber loyaler und dadurch wird der Zusammenhalt zwischen den Mitarbeitern und dem Unternehmen gestärkt.

In der Befragung hat sich zudem gezeigt, dass knapp mehr als die Hälfte der Teilnehmer (52,0 %) eine gut organisierte Karriere-Website des Arbeitgebers als wichtig erachten. Dagegen finden 45,0 % der Befragten einen interessanten und informativen Social-Media-Auftritt des Arbeitgebers eher nicht wichtig. Außerdem hat die Umfrage ergeben, dass 138 Personen sich auf der Karriere-Website und 98 Personen auf sozialen Netzwerken des Unternehmens über den potenziellen Arbeitgeber informieren. Egal, ob von einem Imagefilm auf YouTube, von einer Facebook-Seite des Unternehmens oder von einer Stellenanzeige einer beliebigen Online-Jobbörse: Alle Wege führen auf die Firmen-Homepage. Vor diesem Hintergrund wird den Unternehmen vorgeschlagen, den Fokus auf die Karriere-Website zu legen, um zukünftige Mitarbeiter zu gewinnen. Durch eine gut organisierte Karriere-Website können die Bewerber umfassende Informationen über den Arbeitgeber sowie seine Leistungen finden, wie beispielsweise Angebote zu Aus- und Weiterbildung, Work-Life-Balance-Maßnahmen oder Übernahme von Fahrtkosten. Im besten Fall ist der Menü-Punkt zum Karriere-Bereich für den Bewerber schnell ersichtlich und sollte direkt von der Unternehmens-Startseite her gut zu erreichen sein.

Von den Befragten gaben 164 Teilnehmer an, dass sie sich durch persönliche Empfehlungen über einen potenziellen Arbeitgeber informieren. Die Generation Y sieht das eigene Netzwerk als wichtigste Informationsquelle an und vertraut in vielen Lebensbereichen, wie beispielsweise Gesundheit (Ärzte) oder Finanzen (Steuerberater), auf Empfehlungen. Aus diesem Grund wird den Arbeitgebern empfohlen, die Bedürfnisse der aktuellen Mitarbeiter zu respektieren. Arbeitnehmer, die mit den Leistungen des Unternehmens zufrieden sind, empfehlen den Arbeitgeber weiter und dies führt gegebenenfalls zu neuen Bewerbungen. Eine positive Empfehlung von Mitarbeitern kann zum Ansehen des Unternehmens in der Öffentlichkeit beitragen und sein Image verbessern. Außerdem informieren sich lediglich 7 Personen auf mobilen Apps zur Rekrutierung über den potenziellen Arbeitgeber. Heutzutage finden Angehörige der Generation Y unzählige Apps rund um das Thema Karriere, und sie wollen aufgrund der unübersichtlichen Angebote kein zusätzliches Geld für solche Apps bezahlen.

Schließlich sollte mit der Frage „Welchen Arbeitgeber verbinden Sie mit den folgenden Leitsprüchen?" erkundet werden, ob die Mitglieder der Generation Y die

Leitsprüche den entsprechenden Unternehmen richtig zuordnen konnten. Das Unternehmen Beiersdorf AG erreichte mit 72,0 % deutlich die höchste Trefferquote. Dieses Ergebnis zeigt, dass die Beiersdorf AG mit ihrem Leitspruch eine gute Wahl getroffen hat: Ihr Leitspruch ist im Gedächtnis der Angehörigen der Generation Y verankert. Sicherlich wäre es interessant, die Gründe dafür zu erforschen, warum nur wenige Teilnehmer die Leitsprüche der anderen Unternehmen (Apple Inc. und Thyssenkrupp AG) richtig zuordnen konnten.

Die hier gegebenen Handlungsempfehlungen sollten aufgrund der vergleichsweise geringen Teilnehmerzahl eher vorsichtig interpretiert werden. Generell sind jegliche Statistiken kritisch zu reflektieren, bevor eine strategische Entscheidung zur Entwicklung und Etablierung einer Arbeitgebermarke getroffen wird.

4.4 Kritische Würdigung

Die folgenden Ausführungen sind einer kritischen Würdigung der durchgeführten empirischen Erhebung gewidmet. Dabei sollen zuerst negative Aspekte behandelt und reflektiert werden.

Kritisch hervorzuheben ist zunächst, dass die Befragung eine vergleichsweise geringe und schwache Teststärke aufweist, weil lediglich 200 Personen in einem Zeitraum von vier Wochen teilgenommen haben. Deshalb ist die Untersuchung nur eingeschränkt aussagekräftig und erst ab einer bestimmten Größe für die Wissenschaft von Bedeutung. Allerdings sei an dieser Stelle darauf hingewiesen, dass die Zielgruppe in der vorliegenden Arbeit auf berufstätige Personen der Jahrgänge 1980 bis 1995 beschränkt war. Dementsprechend war die Suche nach Angehörigen der Generation Y mit sehr viel Zeitaufwand verbunden. Außerdem werden Umfragen größerer Rangordnungen eher von Instituten durchgeführt und hätte somit die vorliegende empirische Erhebung weitaus überfordert. Freilich gilt die Forderung, dass bei einer künftigen Datenerhebung mehr Teilnehmer über einen längeren Befragungszeitraum zu erfassen sind, um die Aussagekraft der erzielten Ergebnisse zu steigern.

Suboptimal ist zudem, dass die Zugehörigkeit der Reaktionen einzelner Befragter auf dem Umfrageportal nicht ersichtlich ist. Die Antworten der Teilnehmer können auf dem gewählten Online-Portal nur als Gesamtergebnis dargestellt werden. Aus diesem Grund konnte bei der Auswertung des Fragebogens keine Kreuztabelle erstellt werden.

Ein weiterer Schwachpunkt der Untersuchung ist, dass die schriftliche Befragung hauptsächlich an einem Ort (Northern Business School in Hamburg) stattgefunden hat. Eine Untersuchung sollte in der Regel an mehreren Orten durchgeführt werden, um verschiedene Meinungen über ein Thema einzuholen.

Ebenfalls als kritisch zu bewerten ist der hohe Zeitaufwand bei der Auswertung der schriftlichen Befragung. Die ausgefüllten Fragebögen mussten manuell dokumentiert werden. Bei der Online-Befragung hingegen wird eine automatische Auswertung vorgenommen; die Daten können direkt in eine Excel-Tabelle übertragen werden. Entsprechend konnte im Vergleich zur schriftlichen Befragung mehr Zeit eingespart werden.

Schließlich ist negativ anzumerken, dass einige Teilnehmer an der Befragung mehrmals erinnert werden mussten, um die Anzahl der Ergebnisse zu erhöhen.

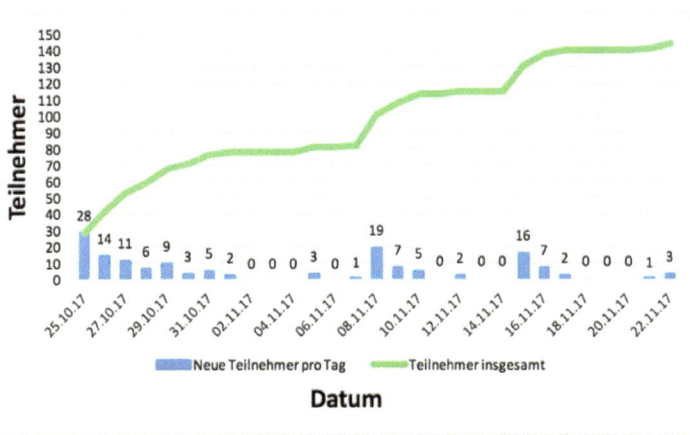

Abbildung 9: Übersicht der Teilnehmer an der Online-Umfrage[213]

Abbildung 9 gibt eine Übersicht der Teilnehmer an der Online-Umfrage. In der ersten Woche des Befragungszeitraums wurden 78 Fragebögen online ausgefüllt. Die Beteiligung sank jedoch deutlich in der nachfolgenden Woche, und daher mussten die Teilnehmer am 08.11.2017 erneut angeschrieben werden. Schließlich wurde am 15.11.2017 eine letzte Erinnerung an Freunde, Verwandte, Bekannte und Arbeitskollegen geschickt, um die Rücklaufquote zu steigern.

---

[213] Quelle: Eigene Darstellung.

Ein positiver Aspekt der vorliegenden empirischen Erhebung ist, dass auf eine ausgeglichene Verteilung der Geschlechter geachtet wurde: 53 % der Befragten sind weiblich und 47% sind männlich. Diese Proportionierung spiegelt ungefähr die Verteilung der Geschlechter in Deutschland wider: Im Jahr 2014 waren etwa 51 % der deutschen Bevölkerung weiblich und etwa 49 % männlich.[214]

Als ein weiteres Positivum ist die Benutzerfreundlichkeit des Online-Portals zu nennen. Der Fragebogen konnte schnell und unkompliziert erstellt werden. Es war möglich, zwischen diversen Fragetypen (z. B. Raster und Skalen) die passende Form auszuwählen. Es konnte zwischen verschiedenen Designs gewählt werden und die Auswertung auf dem Online-Portal erfolgte vollständig automatisch. Außerdem waren alle Fragebögen mobile-optimiert und demzufolge konnten die Befragten problemlos auf allen üblichen Geräten (z. B. Smartphones, Tablets und Laptops) teilnehmen. Ein zentraler Vorteil des Online-Portals ist, dass die Anfertigung eines Umfrage-Kontos für Studenten kostenfrei ist. Darüber hinaus bietet das Portal unterschiedliche Zusatzoptionen an, wie beispielsweise die Pflichtbeantwortung bestimmter Fragen.

Weiterhin ist positiv anzumerken, dass durch die Sicherstellung der Anonymität der Befragten bereits in der ersten Woche nach der Veröffentlichung des Fragebogens eine hohe Beteiligungsquote erzielt werden konnte (siehe Abbildung 9).

Abschließend sei hervorgehoben, dass von Seiten der Teilnehmer ein überwiegend positives Feedback bezüglich der Umfrage kam. Die meisten von ihnen fanden den Fragebogen verständlich und einfach aufgebaut. Zudem konnten sich viele Befragte der Generation Y mit dem Thema Employer Branding identifizieren. Eine große Zahl von Teilnehmern baten darum, nach Beendung der Umfrage die Auswertung des Fragebogens zu erhalten.

---

[214] Vgl. https://www.destatis.de/DE/ZahlenFakten/GesellschaftStaat/Bevoelkerung/Bevoelkerung.html (Stand: 29.11.2017, 17:36 Uhr)

5 Schlussbetrachtung

5.1 Zusammenfassung

Das Ziel der vorliegenden Arbeit war es, den Einfluss der Generation Y auf das Employer Branding, also die Bildung einer Arbeitgebermarke, zu analysieren.

In Kapitel 2 wurden relevante theoretische Aspekte des Employer Brandings erörtert. Dabei ging es zum einen um eine kurze Rekonstruktion der Entstehungs- und Entwicklungsgeschichte des Employer Brandings; zum anderen ging es um eine begriffliche Fassung dessen, was als *Employer Brand* bezeichnet wird. In einem nächsten Schritt wurde auf der Grundlage vorliegender Definitionen aus der Forschungsliteratur der Begriff *Employer Branding* bestimmt. Sodann wurden, zur zusätzlichen Profilierung des Begriffs *Employer Branding*, die Unterschiede zwischen *Employer Branding* und *Personalmarketing* aufgezeigt. An diese begrifflichen Klärungen schloss sich die Auseinandersetzung mit der Frage an, warum Employer Branding immer mehr an Bedeutung gewinnt und welche Funktionen die Arbeitgebermarke einerseits für den Arbeitgeber, andererseits für (aktuelle und potenzielle) Arbeitnehmer hat. Ferner wurden die unterschiedlichen Wirkungsbereiche einer Arbeitgebermarke untersucht und abschließend der Prozess des Employer Brandings vorgestellt.

Die Ausführungen in Kapitel 3 waren dem Thema *Generation Y* gewidmet. Durch eine Abgrenzung gegenüber vorherigen Generationen (Babyboomer, Generation X) wurden Eigenschaften und Verhaltensweisen von Angehörigen der Generation Y dargelegt und erläutert. Schließlich wurden jene Forderungen und Erwartungen expliziert, die die Angehörigen der Generation Y an (potenzielle) zukünftige Arbeitgeber richten.

Auf dem Hintergrund dieser theoretischen Erläuterungen ging es sodann darum, über eine durchgeführte empirische Erhebung zu berichten, mit der erkundet werden sollte, wie die Generation Y über das Thema Employer Branding denkt. Nach einer kurzen Erläuterung des gewählten methodischen Verfahrens wurden die Ergebnisse der Befragungen ausgewertet. Die dabei gewonnenen Erkenntnisse bildeten die Grundlage für die Entwicklung und Unterbreitung von Handlungsempfehlungen für deutsche Unternehmen sowie für die Beantwortung der eingangs gestellten Leitfrage. Am Ende des Praxisteils erfolgte eine kritische Würdigung der Befragungsmethode und der erzielten Ergebnisse.

Die im Rahmen der vorliegenden Arbeit behandelte Leitfrage lautete, inwiefern die Generation Y das Employer Branding beeinflusst. Diese Frage lässt sich abschließend folgendermaßen beantworten:

Durch die aktuelle Entwicklung des Arbeitsmarktes, insbesondere vor dem Hintergrund des demografischen Wandels, Fach- und Führungskräftemangels, War for Talents sowie gesellschaftliche Wertewandels, werden qualifizierte Arbeitskräfte zukünftig zu einem besonders knappen Gut. Die Generation Y ist sich der Verknappung an gut ausgebildeten Fach - und Führungskräften bewusst und hat mit ihren Anforderungen einen hohen Einfluss auf das Personalmanagement des Unternehmens. Die Angehörigen der Generation Y werden in den kommenden Jahren den Hauptanteil der Arbeitnehmerschaft bilden. Dieser Umstand lässt die Unternehmen erkennen, dass sie sich um die Gunst der Generation Y bemühen müssen. Im Übrigen hat sich gezeigt, dass sich die Angehörigen der Generation Y in vielerlei Hinsicht von den vorherigen Generationen unterscheiden und ihre potenziellen Arbeitgeber vor anspruchsvolle Herausforderungen stellen. Die Unternehmen sind gefordert, sich durch geeignete Strategien von der Konkurrenz abzuheben, um sich bei der Generation Y als Wunscharbeitgeber anzubieten und zu etablieren.

Die Generation Y entwickelt sich zunehmend zur wichtigsten Zielgruppe des Employer Brandings, weil sie einen bedeutenden Einfluss auf den Arbeitsmarkt haben werden. Der Aufbau einer einzigartigen Arbeitgebermarke bietet dem Unternehmen die Chance, sich als attraktiver Arbeitgeber auf dem Personalmarkt zu positionieren, um gut ausgebildete Fachkräfte zu gewinnen und sie langfristig an das Unternehmen zu binden. Eine solche Gewinnung und Bindung qualifizierter Mitarbeiter ist eine wichtige Voraussetzung dafür, dass Arbeitgeber auch zukünftig im Wettbewerb bestehen können, da die Arbeitnehmer als entscheidende Ressource eines Unternehmens gelten.

Zusammenfassend ist festzuhalten, dass eine klug ersonnene Employer-Branding-Strategie zum Erfolgsfaktor bei der Gewinnung von Angehörigen der Generation Y werden kann.

5.2 Ausblick

Das Thema Employer Branding gilt in der Literatur noch als ein junges Forschungsfeld, aber bereits jetzt zeichnet sich ab, dass die Bildung einer starken Arbeitgebermarke als Voraussetzung gesehen werden kann, um zukünftig als Unternehmen auf dem Arbeitsmarkt überleben zu können. Angesichts des demografischen Wandels

Schlussbetrachtung

und der veränderten Einstellung der Generation Y innerhalb der Arbeitswelt sind die Unternehmen einem erhöhten Wettbewerb um qualifizierte Fach- und Führungskräfte ausgesetzt.[215] Bei vielen Arbeitgebern wächst die Erkenntnis, dass sie künftig immer weniger qualifiziertes Personal selber aussuchen können. In den nächsten Jahren wird die Mehrheit der aktuellen Arbeitnehmer in den Ruhestand treten und somit eine große Lücke hinterlassen. Die Generation Y wird diese Lücke auf dem Arbeitsmarkt füllen.[216] Entsprechend besteht eine der wichtigsten Aufgaben des Personalmanagements in den kommenden Jahren darin, die Bedürfnisse und Vorstellungen der Generation Y zu erkunden und zu befriedigen, um im Kampf der besten Nachwuchskräfte – dem War for Talent – erfolgreich zu sein.[217] Außerdem sollten Unternehmen künftig das Ziel haben, den Prozess des Employer Brandings kontinuierlich zu verbessern, da sich dieser erst langfristig auswirkt.[218]

„Wer in den Fußstapfen eines anderen wandelt,

hinterlässt keine eigenen Spuren."[219]

Dieses Zitat von Wilhelm Busch verdeutlicht, wie wichtig es ist, als Unternehmen eine unverwechselbare und einzigartige Arbeitgebermarke aufzubauen, um sich von der Konkurrenz abzuheben und im Wettbewerb den entscheidenden Schritt voraus zu sein.[220]

---

[215] Vgl. Stotz (2009), S. 223.
[216] Vgl. Herten (2015), S. 51.
[217] Vgl. Dietl [u.a.] (2013), S. 146f.
[218] Vgl. Wolf (2010), S. 51.
[219] Quelle: Haitzer (2011), S. 225.
[220] Vgl. Berg (2014), S. 79f.

Anlage: Fragebogen zum Employer Branding für die Generation Y

Sehr geehrte Teilnehmerin, sehr geehrter Teilnehmer

im Rahmen meiner Master-Thesis führe ich eine Umfrage zum Thema „Employer Branding für die Generation Y" durch.

Diese Befragung verfolgt das Ziel, den Einfluss der Generation Y auf das Employer Branding zu erfassen. Die Zielgruppe der Befragung beschränkt sich somit auf berufstätige Personen der Jahrgänge 1980 bis 1995.

An dieser Stelle sei ausdrücklich darauf hingewiesen, dass diese Befragung absolut anonym ist.

Bitte nehmen Sie sich die Zeit (ca. 5 min), die 11 Fragen und 5 Angaben zur Person so offen und ehrlich wie möglich zu beantworten.

Vielen Dank für die Teilnahme und viel Spaß beim Ausfüllen.

1. Ist Ihnen die Wahl des zu Ihnen passenden Arbeitgebers wichtig?

Ja ☐   Nein ☐

2. Wie zufrieden sind Sie mit Ihrem aktuellen Arbeitsplatz?

sehr zufrieden ☐   eher unzufrieden ☐

zufrieden ☐   unzufrieden ☐

eher zufrieden ☐   sehr unzufrieden ☐

3. Halten Sie persönlich das Thema „Employer Branding" (Arbeitgebermarkenbildung) für wichtig?

Ja ☐   Nein ☐

4. Stimmen Sie der folgenden Aussage zu?

„Ich bin bereit mehr Zeit für das Privatleben gegen weniger Arbeitsstunden und weniger Gehalt einzutauschen."

stimme voll zu ☐   stimme eher nicht zu ☐

stimme zu ☐   stimme gar nicht zu ☐

Anlage: Fragebogen zum Employer Branding für die Generation Y

5. Bewerten Sie folgende Aussagen:

	trifft voll zu	trifft zu	trifft eher nicht zu	trifft gar nicht zu
„Wenn jemand mein Unternehmen bezüglich der Arbeitgeberleistung kritisiert, verteidige ich es."	☐	☐	☐	☐
„Bei der Auswahl des Unternehmens ist mir wichtig, dass die Vereinbarkeit von Beruf und Familie gefördert wird."	☐	☐	☐	☐
„Ich würde mein Unternehmen als hervorragenden Arbeitgeber an Freunde und Verwandte empfehlen."	☐	☐	☐	☐
„Imagefilme können die Glaubwürdigkeit des Unternehmens steigern."	☐	☐	☐	☐
„Es ist mir wichtig, dass mein Unternehmen umweltbewusst handelt und somit ein positives Ansehen in der Öffentlichkeit genießt."	☐	☐	☐	☐
„Employer Branding führt dazu, dass Mitarbeiter sich vollkommen mit dem Unternehmen identifizieren können."	☐	☐	☐	☐

6. Wie wichtig sind Ihnen folgende monetäre (finanzielle) Anreize Ihres zukünftigen Arbeitgebers

	trifft voll zu	trifft zu	trifft eher nicht zu	trifft gar nicht zu
Hohes Gehalt	☐	☐	☐	☐
Bonuszahlungen (z. B. erfolgsbasierte Vergütung)	☐	☐	☐	☐
Urlaubsgeld/Weihnachtsgeld	☐	☐	☐	☐
Firmenfahrzeug	☐	☐	☐	☐
Fahrtkosten (z. B. HVV-Card)	☐	☐	☐	☐
Neuste elektronische Geräte am Arbeitsplatz (z. B. Handy, Laptop)	☐	☐	☐	☐
Betrieblich geförderte Kinderbetreuung	☐	☐	☐	☐
Mitarbeiterrabatte	☐	☐	☐	☐

Anlage: Fragebogen zum Employer Branding für die Generation Y

7. Wie wichtig sind Ihnen folgende nicht-monetäre (nicht-finanzielle) Anreize Ihres zukünftigen Arbeitgebers

	trifft voll zu	trifft zu	trifft eher nicht zu	trifft gar nicht zu
Gute Vereinbarkeit von Familie und Beruf (z. B. Teilzeit, Home-Office)	☐	☐	☐	☐
Angebote zu Aus- und Weiterbildung	☐	☐	☐	☐
Karriere- und Aufstiegschancen	☐	☐	☐	☐
Hohes Ansehen des Arbeitgebers in der Öffentlichkeit	☐	☐	☐	☐
Angenehmes Betriebsklima	☐	☐	☐	☐
Flache Hierarchien	☐	☐	☐	☐
Interessante Arbeitsaufgaben	☐	☐	☐	☐
Regelmäßiges Feedback von der Führungskraft über die Arbeitsleistung	☐	☐	☐	☐

8. Wie wichtig ist Ihnen eine gut organisierte Karriere-Website eines Arbeitgebers?

sehr wichtig ☐   eher nicht wichtig ☐

wichtig ☐   gar nicht wichtig ☐

9. Wie wichtig ist Ihnen ein interessanter und informativer Social-Media-Auftritt eines Arbeitgebers?

sehr wichtig ☐   eher nicht wichtig ☐

wichtig ☐   gar nicht wichtig ☐

10. Wo informieren Sie sich über einen potenziellen Arbeitgeber? (Mehrfachnennung möglich)

Karriere-Website des Unternehmens ☐

Soziale Netzwerke (z. B. Xing, LinkedIn) ☐

Online-Jobbörse (z. B. Monster, StepStone) ☐

Persönliche Empfehlungen (z. B. Freunde, Bekannte) ☐

Arbeitgeberbewertungsportale (z. B. Kununu) ☐

Videoportale (z. B. Youtube) ☐

Erfahrungsberichte (z. B. Foren, Communities) ☐

Printmedien (z. B. Fachzeitschriften und Tageszeitungen) ☐

Hochschulmesse ☐

Agentur für Arbeit ☐

Mobile Apps für die Rekrutierung ☐

Keine der genannten ☐

Sonstige _____

11. Welchen Arbeitgeber verbinden Sie mit den folgenden Leitsprüchen?

„Der Job deines Lebens. Und die ganze Welt schaut zu."

Deutsche Lufthansa AG ☐   Apple Inc. ☐

Adidas AG ☐   Samsung Group ☐

„engineering. tomorrow. together."

Audi AG ☐   Vattenfall GmbH ☐

Otto GmbH & Co. KG ☐   Thyssenkrupp ☐

"Your Career starts with care."

Beiersdorf AG ☐   Vodafone GmbH ☐

Deutsche Telekom AG ☐   L´Oréal S.A. ☐

12. Sie sind:

weiblich ☐   männlich ☐

13. In welchem Jahr sind Sie geboren?

1980 – 1983 ☐   1988 – 1991 ☐

1984 – 1987 ☐   1992 – 1995 ☐

14. Ihr Berufsstand ist?

Angestellte/r – Vollzeit ☐   Auszubildende/r ☐

Angestellte/r – Teilzeit ☐   Selbständige/r ☐

Angestellte/r – Aushilfskraft ☐   Sonstige _____

15. Ihr höchster Schulabschluss ist?

Hauptschule ☐   Berufsausbildung ☐

Realschule ☐   Hochschulabschluss ☐

Abitur/Hochschulreife ☐   Kein Abschluss ☐

Sonstige _____

16. Wie hoch ist Ihr monatliches Nettoeinkommen?

bis 500 €	☐	501 – 1.000 €	☐	1.001 – 2.000 €	☐
2.001 – 3.000 €	☐	3.001 – 4.000 €	☐	uber 4.000 €	☐

Vielen Dank für Ihre Beteiligung!